做孩子的
学习规划师

梁全义　著

天津出版传媒集团

天津科学技术出版社

图书在版编目（CIP）数据

做孩子的学习规划师 / 梁全义著 . — 天津 : 天津
科学技术出版社 , 2023.1（2023.10 重印）

ISBN 978-7-5742-0735-6

Ⅰ . ①做… Ⅱ . ①梁… Ⅲ . ①家庭教育②学习方法
Ⅳ . ① G78 ② G791

中国版本图书馆 CIP 数据核字（2022）第 241132 号

做孩子的学习规划师
ZUO HAIZI DE XUEXI GUIHUASHI

策 划 人 :	杨　禩
责任编辑 :	杨　禩
责任印制 :	兰　毅
出　　版 :	天津出版传媒集团
	天津科学技术出版社
地　　址 :	天津市西康路 35 号
邮　　编 :	300051
电　　话 :	（022）23332490
网　　址 :	www.tjkjcbs.com.cn
发　　行 :	新华书店经销
印　　刷 :	三河市华成印务有限公司

开本 880×1 230　1/32　印张 6.75　字数 150 000
2023 年 10 月第 1 版第 2 次印刷
定价 : 38.00 元

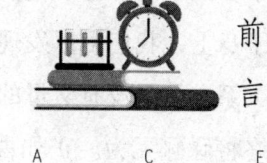

刘亦婷，从国内直接考上世界最高学术殿堂哈佛大学，获得哈佛大学的全额奖学金。

黄思路，第四届全国十佳少先队员，钢琴十级，华东地区中学生作文大赛一等奖，出版过图书，被称为"全才"。后赴美留学。

安金鹏，高三时获得第三十八届国际奥林匹克数学竞赛金牌，北大博士毕业后入哈佛大学攻读博士后。

卢山，安徽省高考状元，考入中科大少年班，28岁任美国一流大学顶级计算机专业教授（博导）。

卜镝，8岁时获全国儿童画比赛一等奖，12岁起，就开始在国内外成功举办一系列个人画展……

这些都是中国父母所熟知的好孩子的典型，在一个时期内，曾深深地影响了千千万万个家庭，他们被当作榜样用以激励正在成长的孩子，他们的成绩被当作家长培养孩子的目标。他们为何会取得令人瞩目的成绩？从这些好孩子身上，我们可以发现他们的成才与父母对他们的学习规划不无关系。如果没有父母的科学教育和正确引导，资质再好的孩子也终将碌碌无为。正如古人所说："玉不琢，不成器。"孩子如同璞玉，只有在精心雕琢下才能绽放炫目的光彩。

好成绩是规划出来的！这个观点已被许多有识之士及家长普遍认同。一个孩子在成长之初，如同一张白纸，父母给予什么样的教育，他就会成为什么样的人。优秀孩子多是优质教育的结果，对于孩子而言，家庭是他们人生中的第一所学校，父母是第一任教师，是启蒙之师。父母对孩子学习的规划，对孩子的学习成绩有着重大影响，甚至可以决定孩子的一生。可以说，父母的作用无人可替，父母的科学规划成就孩子的好成绩。

本书旨在帮助父母懂得如何规划孩子的学习，掌握各种科学的教育方法、技巧，根据孩子的兴趣爱好，制定出合理的培养规划，让千万父母"望子成龙""望女成凤"的梦想成为现实。本书立足于当代中国的教育文化背景，收集了大量可资中国父母借鉴的东西方家庭教育案例并做出深入分析，介绍了国内外先进的家庭教育思想和最具成效的育儿方案，针对中国家庭教育中普遍存在的问题和误区，提出了科学的解决办法。

01 / 教育理念：
规划孩子的学习，家长要知道的那些事

"慢养"才能育出"大器"·····················002

教育不能抢跑，学习不能揠苗助长···············005

不要急于取得教育成果·······················007

教育，讲究的就是说理·······················010

教育没有固定的"教学大纲"，而要因变而变·····013

教育孩子不能太实际·························016

学前孩子不必早读书·························019

02 / 天赋启发：
发现孩子的先天优势

孩子的学习潜能是需要开发的···················022

让特长为孩子增添自信·······················024

抓住孩子的天赋进行培养·······················028

培养孩子的天赋须"量体裁衣"···················030

要善于发现孩子的闪光点 034

谨慎对待孩子的特长教育 038

孩子一时的好奇心不一定就是天赋 040

03 兴趣引导：
如何让孩子成为主动学习者

孩子的学习兴趣是需要培养的 046

让兴趣点燃孩子学习的热情 049

告诉孩子："好好玩吧！" 051

怎样使孩子把注意力集中起来 055

和孩子一起学习，一起游戏 059

孩子学习的积极性是需要激发的 062

让孩子的兴趣在家庭教育中得到培养 064

用正确的态度对待成绩差的孩子 068

04 习惯养成：
为孩子构建持续学习力

鼓励孩子每天写一点东西 072

劳逸结合才不会让孩子成为"病龙" 077

提高孩子的学习效率 081

培养孩子珍惜时间的好习惯 085

孩子按计划做事就不会手忙脚乱了 090

培养孩子成功的习惯 095

要让孩子养成善于提问题的习惯⋯⋯⋯⋯⋯⋯101

给孩子一个独立思考的空间⋯⋯⋯⋯⋯⋯⋯103

05 学科突破：
开启门门皆优的学霸模式

怎样纠正孩子的偏科现象⋯⋯⋯⋯⋯⋯⋯⋯110

做孩子的数学学习规划师⋯⋯⋯⋯⋯⋯⋯⋯114

做孩子的英语学习规划师⋯⋯⋯⋯⋯⋯⋯⋯119

做孩子的物理学习规划师⋯⋯⋯⋯⋯⋯⋯⋯124

做孩子的化学学习规划师⋯⋯⋯⋯⋯⋯⋯⋯127

让孩子的其他学科也齐头并进⋯⋯⋯⋯⋯⋯130

如何提高孩子的作文水平⋯⋯⋯⋯⋯⋯⋯⋯133

培养孩子对文学的浓厚兴趣⋯⋯⋯⋯⋯⋯⋯135

06 学习解压：
怎样把学习变成轻松的事儿

学习计划，是把学习变得轻松有效的法宝⋯⋯142

及早学外语，让外语和母语一样容易⋯⋯144

不要把学习暗示为"苦"事⋯⋯⋯⋯⋯⋯⋯⋯147

不规定具体时间，写作业心甘情愿⋯⋯⋯⋯149

把学习做成一场表演，让孩子在角色中学习⋯⋯152

学习遇到瓶颈时，多动心力而不是体力⋯⋯⋯155

"减压"比"拼命学习"更重要⋯⋯⋯⋯⋯⋯⋯158

饭后学习效率低，不如轻松小憩................................161

07 态度矫正：
让孩子明白为自己而学习

只具有智慧是不够的，还需要自律................................166

怎样让孩子学会自觉地学习................................170

怎样让孩子集中精力................................175

怎样排除孩子的厌烦感................................183

怎样指导孩子读书................................189

孩子学习成绩不稳定的原因................................194

家长怎样帮助孩子学习................................197

让孩子学会考试................................199

01 / 教育理念：
规划孩子的学习，
家长要知道的那些事

"慢养"才能育出"大器"

　　源源今年上三年级，班里的很多同学都在外面上了特长班，源源的家长开始着急了："以前一直觉得让孩子自由成长对她比较好，所以孩子长这么大还没上过任何特长班呢，但是，不能让孩子落后啊！而且，我家宝贝那么聪明，一定会赢过其他孩子。"所以，家长为了让孩子尽快掌握更多的技能，赢在起跑线上，一口气给源源报了绘画、钢琴和英语 3 个特长班，周一、周二学英语，周三、周四学绘画，周五、周末学钢琴。突然间暴增的学习内容让源源一时手忙脚乱，无从适应，被强逼着学了 1 年，什么也没有学好，源源的学习成绩反而下降了，她也不像以前那么活泼开朗了，开始对什么都提不起劲来。

　　正如源源的家长一样，决定一时抛弃功利心去教育子女，可能并不难。但是要自始至终地秉持关照孩子心灵的教育理念，对很多家长来说并非易事。因为非功利的教育首先关注的是孩子本身的成长节奏和需求，可能不会让孩子在短期内有学识上的进步。而社会通常给家长诸多压力：特长生潮流、高分名校情结、就业竞争激烈等，在讲求效率和速度的现实面前，家长未必能够稳住阵脚。

我们相信，心胸的大小决定一个人事业的大小。在决定孩子心胸和视野的宽度和深度的少年时期，孩子最大的收获不在于有多少荣誉证书，而是学会今后做学问、做事情的道理和方法。因而早期教育就需要家长接受一个事实：非功利教育的成果不会立竿见影，但它是成功的基础。

据统计，1500—1960 年，全世界 1249 名杰出科学家和 1928 项重大科研成果的创造者在年龄上有一个阶段划分：科学创造的最佳年龄区间是在 25 ~ 45 岁，最佳峰值年龄在 37 岁前后。更为精准的数据是，在诺贝尔奖的大部分获得者中，物理学家的平均年龄为 35 岁，化学家的平均年龄为 39 岁。

当然，科学家只是社会精英中的一类，但他们也是最能代表高智商的一类人。普通人对科学家总有一种崇拜的情感，因为他们代表人类的思维精英，可以办到我们办不到的事情。上面的统计显示，科学家往往在青壮年才能够有所成就，其实还有更为典型的"大器晚成"的例子。

1859 年 11 月 24 日，达尔文在伦敦出版《物种起源》时，已50 岁。他最早的科学著作，也是在 45 岁以后才开始出版的；美国遗传学家摩尔根，他的基因学说是在 49 ~ 60 岁之间完成的，67 岁才获得诺贝尔奖……这样的事实让我们看到，人生在青少年时期可能没有什么重大的收获，命运的转机很可能在你已经成年、感到没有希望的时候到来。但是机遇只眷顾有准备的人，达尔文 22 岁就离家登上"贝格尔号"去进行环球科考，易卜生 21

岁开始自费发表戏剧作品，摩尔根20岁时以优异的成绩获得了动物学学士学位，24岁就获得了博士学位。他们从来没有放弃早年的努力，才会有后来的成功。

但是还是有很多人相信一个早年毫无建树的人，可能会在中年之后突然发迹，因而孩子的早期教育也并不是非得严格进行不可，如果孩子有"造化"，成功也会找上他的。这其实是家长推脱教育责任的一种思想，有哪位真正成功的人不是从一点一滴开始准备的呢？

司马迁的《史记》、宋应星的《天工开物》历时18年；司马光的《资治通鉴》历时19年；达尔文的《物种起源》历时22年；法布尔的《昆虫记》、李时珍的《本草纲目》历时30年；谈迁的《国榷》历时37年；马克思的《资本论》、摩尔根的《古代社会》历时40年；歌德的《浮士德》历时60年……

这些著作问世的时候作者已经走进暮年，但是他们都是从很早就开始积累创作，经历了漫长的酝酿过程，到晚年才最终完成，绝非突然被幸运眷顾而成名。如果仅仅看到别人取得的成绩，而割断他们努力的过程，相信出人意料的奇遇，那他的一生也将在等待中度过。同样，如果放弃孩子教育的黄金时段，而盼望他日后自己成才的家长，也往往不能如愿。

成功不能一蹴而就，成才如是，教育亦如是。家长教育孩子的时候要有信心，只有相信孩子会向我们期待的方向发展，看到孩子未来的发展，才会有耐心，教育的目标也才能慢慢实现。家长的耐心有多大，孩子的进步空间就有多大，记住："慢养"才能育出"大器"！

教育不能抢跑，学习不能揠苗助长

最近，思琪上课没精打采，注意力涣散，总打瞌睡，成绩有下滑趋势，班里的同学也反映说她平时不怎么爱和大伙玩。其实，思琪刚入学时成绩在班里也比较好，比较懂事、守纪律，和同学相处融洽。不过，自从她的家长给她加负后，她就像变了一个人似的。

家长每天给她安排了大量的课外作业，还给她报了奥数、剑桥少儿英语等好几个学习班，她完全没有休息和玩的时间，每天晚上都要念书做作业到 11 点多，这自然会使平时课堂表现和学习成绩受到影响。

其实，才一年级的孩子，家长还是不要给他们过重的学习负担，否则只能将孩子稚嫩的肩膀压垮。

很多家长希望自己的孩子在班上名列前茅，于是超前教育十分盛行。但其实，教育抢跑本身是一种犯规的行为，违背的是孩子成长发育的自然规律。抢跑式的超前学习必然导致过量学习，给孩子造成过大的负担，对孩子身心的发展都带来巨大的伤害。正如上文中的思琪一样，过重的负担剥夺了她健康成长的权利，也剥夺了她应有的快乐！

一位儿童教育专家曾说过——智能的总量是相对守恒的，一种智力类型能量的升高必然伴随着另一种智力类型能量的降低。而这种降低往往体现在心理调节能力上。处于超前教育环境下的孩子，他们往往会有超人一等的优越感，而且周围亲戚朋友的夸赞和表扬也会令孩子产生虚荣心。于是，对于这样的孩子，求知不再是为了满足自己兴趣，而是为了超越别人、赢得荣誉。这些"聪明绝顶"的孩子，日后跻身于"尖子"之中一旦没能继续出类拔萃，或完成了辉煌的学业而在工作中无醒目的建树，眼前的境遇和昔日的辉煌形成的强烈反差，必将引发出各种不良的心理反应，甚至导致严重的后果。儿童的学习是由玩耍、休闲、睡眠所构成的，如果全是"学习"，没有玩耍、休闲、睡眠的消化、反刍时间的话，学习的过程就不可能完成。玩耍不仅是学习重要的组成部分，同时本身就是一种很好的学习过程。过量学习也必然占用玩耍、休闲、睡眠时间，必然对良好性格的养成、心理及生理健康带来影响。因此，多给孩子一些睡眠、玩耍的时间，减去过量的学习负担，反而有利于学习成绩和分数的提高，知识的增长，也有利于身心健康。我对家长的建议是，超前教育可以进行，但一定要适度，千万不能揠苗助长，事倍功半。

当然有一些超前教育的孩子取得了良好的成绩，但是这并不代表抢跑式教育就一定适用于每个孩子。孩子都有自身的特点，有些孩子 5 岁就具备了各方面的能力，比如自理能力、和小朋友交往的能力等，那么，提早入学也无可厚非。可有些孩子即使已经到了入学年龄，却还没做好准备。对于这样的孩子，如果家长让他学一些在他能力承受范围之外的东西，负担过重，不仅会影响孩子的身体健康，还会给孩子留下心理上的负担，使孩子长时间处于紧张、沉重的心理状态，对孩子的健康成长极为不利。

所以，家长要扪心自问，孩子做好准备了吗？自己做好准备了吗？如果家长都没足够的自信，那么，最好还是让孩子遵循规律顺其自然地成长。

其实，知识的学习积累不急，成绩的高低都是暂时的，只要让孩子不断地感受到学习的快乐，保持浓厚的学习兴趣，那么今后他一定会是优秀的学生。所以，家长们不如适当给孩子"减减负"吧，毕竟，让孩子有个快乐的童年，才是最重要的。

真正爱孩子的家长记住：教育抢跑不是成功的捷径，揠苗助长结不出学习的果实！

不要急于取得教育成果

几乎所有的家长都会特别关注孩子的学习成绩，认为学习成绩的好坏就是成功与否的标志，认为只要孩子取得了好的学习成绩，教育就取得了好的成果。这是不正确的，家长应该把眼光放得更长远一些，重视孩子学习能力的培养，而不要老盯着眼下的考试成绩。一个学习成绩好的孩子不一定有很好的学习能力，但一个有很好学习能力的孩子将来迟早会有所成就，而且可以为他的长期发展打下良好基础。

人生是一条漫长的学习之路。根据专家的分析：在农业时代，一个人只要 7 ~ 14 岁接受教育，就足以应付往后 40 年生活之需；在工业时代，求学时间延伸为 5 ~ 22 岁；而在目前的知识经济时代，由于科技急速发展，每个人必须随时接受最新的教育。要在这个社会中成功，不只靠一张名牌大学的文凭，而取决于不断持续的终身学习能力。

有报道说，在英国大约有 65% 的毕业生毕业后从事的职业与他们在学校所学的专业无关，这种现象在我国也许更为突出。这是为什么？原因就在于当今世界信息和知识飞速增长，使灌输知识为主的教育已无法面面俱到。针对世界发展变化的重大趋势，著名的未来学家托夫勒在 20 世纪 90 年代早期预言："未来的文盲不再是不识字的人，而是没有学会学习的人。" 1999 年，美国教育部组织了 16 位著名的心理学、认知学专家，对近 30 年来学习科学领域大量涌现的研究成果，进行了两年的研究分析，他们得出的结论是："20 世纪 90 年代以来，学习理论和教育研究发生了人类有史以来最本质与革命的变化。"并指出：新世纪的教育的目的要从传统的灌输知识为主的模式，转变为"帮助学生发展必要的认知（智力）工具和学习策略，使他们能够获得创造性地思考有关历史、科学技术、社会现象、数学和艺术时所需的知识，使他们成为自我维持的终身学习者"。

有位社会学家曾经调查了几十位诺贝尔奖获得者，发现这些获奖者大多认为，学生学习时期，重要的不是成为班上学习成绩最好的，而是掌握学习的方法，这是学生获得学习能力的重要环节。伟大的科学家爱因斯坦回顾自身的教育经历，在一篇题为"论教育"的讲话中曾深刻指出："发展独立思考和独立判断的一般能力，应当始终放在首位，而不应当把获得专业知识放在首位。如果一个人掌握了他的学科基础理论，并且学会了独立地思考和工作，他定会找到他自己的道路。"

事实证明，学习能力是决定孩子能否成为优秀人才的决定因素。学习型组织的倡导者、《第五项修炼》的作者彼德·圣吉说过："因为未来唯一持久的优势，是有能力比你的竞争对手学习得更快。"为了让我们的孩子在未来社会立于一席之地，家长有责任培养孩子一生受用的学习能力，并着力培养孩子学习的浓厚兴趣。教育应该从教孩子接受知识，转向教导孩子全方位地学习，以满足终生学习和成长的需要。在注重孩子学业成绩的同时，家长更应关注全面培养孩子的学习能力，让孩子享受学习的快乐，拥有成功的学习经验。

心理学家研究发现，学习能力应该是学习时的注意力、写作业的速度和正确率、听课能力、计算能力、书写能力、语言表达能力，还有情绪的稳定性。这些能力又是相互影响的，上课注意力与前庭平衡能力、大脑对身体的控制能力、智商、情绪等因素都有关。写作业速度与智力、注意力、手眼协调性、情绪因素有关。听课能力与脑—耳协调训练有关。计算和书写能力与脑—手—眼协调训练有关。语言能力与本体感训练有关。情绪稳定性与触觉训练有关。也就是说，孩子的学习能力都是可以通过专门的训练提高的。因此我们家长千万不要因为孩子的成绩不好而不分青红皂白地批评他，如果盲目地以分数为标准来判断孩子的学习，那很容易让孩子的着眼点放在应付考试上，最终影响孩子的求知欲和学习兴趣。

家长不要用催促的态度让孩子提高成绩，这会让孩子很反感，此时他不喜欢家长干涉他的生活，凡事喜欢按照自己的计划进行。

教育的成果不是一朝一夕所能够显现出来。在对孩子的教育中，家长千万不要急于求成，无论孩子学得快一点或是慢一点都无关紧要，孩子取得的成绩是高还是低也不是最关键的，在这个时候家长最应该重视的是孩子的学习能力的培养，"放长线，钓大鱼"，才能取得更巨大的教育成果。

教育，讲究的就是说理

路路在家长眼里是个特别淘气的孩子，他总是和大人过不去似的，你叫他往东，他偏要往西，你叫他认真写作业，他偏偏在那里瞎混时间；你让他在学校老实点，他三天两头被请家长；你让他少玩一点，他想方设法跑出去玩，而且一玩就玩到很晚⋯⋯"你这个孩子怎么这么不听话？快点！给我滚回家写作业！""你把这个错字抄 10 遍，给我好好记住了！""你下次再在学校闯祸，看我不收拾你！"⋯⋯家长不知道怎么教育他，就采取绝对强硬手段来镇压路路的恶行，但是，这对路路起不了多大作用，最多被打被骂的当时路路会收敛一点，一会儿，这些警告就消失踪影了。于是，路路还是一如既往地惹祸，家长还是一如既往地头疼⋯⋯

很多家庭和路路的家庭一样，采用的是权威式的家教，认为教育就是命令和要求。而懂得教育艺术的家长，在教育孩子的过程中会通过阐述道理来使孩子心悦诚服。

家长"直言不讳"的批评往往会给孩子咄咄逼人的感觉，使他难以接受而引发对立情绪。相反如果掌握说服的技巧，就能够让孩子心悦诚服地接受家长的观点，教育效果事半功倍。

所以，真正智慧的教育，即是正确的说理教育。家长在教育孩子时，不要一味使用命令的方式，而应以友善的态度启迪孩子，把道理给孩子讲清楚。如果家长在教育方式上不肯用心，只凭一时的喜怒赞扬或批评孩子，或只是发号施令甚至是训斥，孩子一时会被家长的威风吓住，作听话状，但他再稍大一些，则不会买家长的账了。我们不要苛求孩子立刻听从家长所说的每一句话，而是把道理讲清楚，给他们适当留有思考及情绪准备的时间，当他们感觉到家长所说的是对的，会更加尊敬家长，同时也可以有效地防止孩子的"逆反心理"和对抗情绪。

要对孩子进行说服教育，那么，如何跟孩子进行成功的沟通和说服他呢？教育专家给家长的建议如下。

1. 建立一种积极健康的家庭沟通交流关系，应该改变家长是决策人，孩子是接受者这样僵化的家庭角色的分配。家长在家庭教育中应该懂得进行角色交换，每一个家庭成员都可以对他表述的愿望予以积极的辩解。当孩子能够参与讨论家里的通常是成年人的问题时，他们方才能够更好地理解家长。

2. 做孩子的工作要细心，要顺着孩子的天性进行引导。家长和子女多沟通，应当把孩子看成一个独立的个体，给孩子一个私人空间。有进步及时表扬，提要求合情合理，纠过错讲究人情。

3. 跟孩子讲的道理应合情合理，不能信口胡说，也不能苛求孩子，因为大人信口胡说，孩子是不会服气的，大人的要求过分苛刻，孩子是办不到的。

4. 跟孩子说理时，孩子会为自己辩解，家长应给孩子申辩机会。申辩并非强词夺理，而是让孩子把事情讲明白。让孩子申辩，他才会理解你的道理，使教育收到良好效果。

5. 要了解孩子的情绪状况，因为孩子和大人一样，情绪好时比较容易接受不同的意见，不高兴时则容易偏激，所以跟孩子讲理，要在其情绪较好时进行。

6. 要孩子遵循的"道理"，家长首先要严格执行，再给孩子讲道理时，才能理直气壮。如果家长总找借口不去上班，在孩子赖着不上学时，给孩子讲"遵守纪律"的道理，岂能有说服力？

7.适当的妥协会使孩子更容易听得进你的道理。通情达理的家长在孩子看来，比只会说"不许"的家长要可亲可敬得多。

8.说理时不要一味采取教训的态度，"你必须……""不要……"。换种方法，及时肯定孩子做得不错的地方，"上次在姑姑家做客，你表现就不错，这次要再进一步啊。"孩子总是喜欢听肯定、表扬的话，及时鼓励他，会激发他的上进心，给他讲道理，他也能听得进去。

教育，讲究的就是说理。只要家长用对了说理方法，把正确的道理说给孩子听，自然会取得很好的教育效果。

教育没有固定的"教学大纲"，而要因变而变

萧萧成长在一个知识分子家庭，家长都是中学老师，爸爸是数学老师，妈妈是语文老师，从萧萧小的时候开始，爸爸妈妈就倾尽自己的全力为孩子制订了一个教育计划，并按部就班地将这个计划付诸实践。例如：每天写生字，萧萧必须每一个写 20 遍；学习算术时，萧萧必须用爸爸的"小棒计算法"来练习；学习英语时，家长非得用她蹩脚的英文给孩子指导；写作文，一定得向《优秀小学生作文》等经典书目学习，用别人的优美语句来写一些不一定真实的事情……除了学习方法必须接受家长的指导，甚

至连学习的内容也由家长来规定：先学什么，后学什么，必须学什么，不能学什么，全权由家长指挥。萧萧从来没有主导权，只有默默接受家长的安排，除了在学校接受老师的"教学大纲"的指导，回家还要受制于家长的"教学大纲"，萧萧一点学习的自由都没有，所以，在她看来，学习是家长的事，是老师的事，自己只是一个帮助他们实现目的的工具，学习自然没有一点乐趣！

很多孩子的成长过程，也就是一个戴枷锁的过程，家长的权威，是一个无法逾越的"框"，很多孩子的长大，有着和萧萧一样的经历，是在"这不许""那不能"的一路呵斥中度过的。很多家长也习惯于让孩子服从自己为他们进行的选择，可是仔细想一想，一个不能脱离家长"操控"的孩子，怎么会超越家长呢?

大多数的家长认为：当我们的孩子"被教育"的时候，就是从"被认可"开始，尤其是被家长和长辈认可。被长辈们认可、赞扬的一定是听话的孩子，是按照家长、老师的意愿来做的孩子。因此，家长们在教育孩子的时候不自觉地形成了一种规律：在教育孩子的时候往往把"服从自己"作为成功的目标，并不是把"服从道理"作为目标。

每个孩子都有自己独特的兴趣和爱好，有自己的学习习惯，而作为家长的任务是根据孩子的学习基础来因材施教、因势利导。家长对孩子的期望值很高是可以理解的，但是期望与目标的确定应该考虑孩子的具体条件和意愿，因为不管我们怎样期望，孩子将来的生活终归还是由他自己去做主、去实现。因此，作为家长不可以把孩子的目标定得过于理想甚至不切实际，而是要根据孩子的能力、志向和兴趣，以帮助孩子建立自信心为出发点，使孩子处于一个宽松的心理状态，从而轻松愉快地学习。让孩子体验到学习的乐趣，拥有自我管理的能力，对他将来一生的发展都会有积极的帮助。

很多家长在教育孩子的过程中，存在着许多不尽正确的观念。每个孩子都有自己的特点和志向，所以我们要懂得量体裁衣，因材施教，才能收获到最好的效果；如果想用一个固定的模子来塑造孩子，难免会出现"水土不服"的症状。其实，家长需要树立的一个观念就是：教育并不是按照自己的想法来引导孩子，而是要抱持和孩子一同成长的态度。家长们不能无视孩子发展的现实状况而强行执行事先已经计划好的"教学大纲"，而是要根据孩子的具体特点，不断进行改变和调整，达到我们教育的目标。

再好的教育专家，也代替不了家长对孩子的教育作用。因为只有家长才可以对孩子进行一种持续、深度的观察，并且根据自己对孩子的认识来随时调整自己的教育方式。认识孩子是一个没有穷尽的过程，孩子在不断成长，他们需要的爱也在不断变化，适应这种变化正是家长的智慧。

教育孩子不能太实际

如果一个孩子成天到晚只是想着自己的一己之私，无论任何事只要自己合适就可以了，那么他将永远不会成为对别人有用的人。而一个对别人没有用的人，将注定不会赢得别人的尊重，也不可能为社会做出贡献。要培养一流的孩子，就要为他树立一流的观念，所以，家长对孩子的教育不能太实际。

中国的很多家长在孩子一出生的时候就给孩子灌输功利的"一流意识"，让孩子从小就树立这样的理想：考上一流的大学，大学毕业之后可以进入一流的工作单位任职。而如果孩子从小就被家长灌输这样的实用哲学，就可能会导致孩子读书一切都是为了实际利益，他所有追求理想的空间都被封杀，从而，大大限制了孩子人生的发展空间，这样的做法，不知会有多少天才被埋没。

而在美国的学校，尤其是小学，特别强调个性、创造力和与人和谐相处能力，因为他们认为这是决定孩子未来发展潜力的主要因素。所有的老师和家长都不认为学习成绩是教育最重要的衡量标准，老师在教学中始终不把孩子学习成绩的排名情况公布给家长和孩子，成绩只是老师自我检验教学成果的一种方式。同时，老师在准备测验的时候不要求学生在考前做任何准备，也不要求学生做课前预习或是课后的复习，一切都在课堂上完成。老师甚至不希望家长给孩子安排舞蹈、音乐之类的课外学习，他们认为孩子放学之后就应该出去玩或者是参加社区活动。如果要学习舞蹈或是音乐之类的课程，也完全是孩子凭自己的兴趣来做决定。学校规定家庭作业只是把课堂上没有完成的功课做完，一年级的家庭作业时间不超过半小时，以后各年级逐渐增加 10 分钟，但是最多也不能超过 1 小时。

另外，在美国"常青藤"这样的精英学校，可以发现，那些不实用的专业往往是最具有人气的，人文学科一直呈现出越来越热的趋势。例如在著名的耶鲁大学，在近二十几年来，历史一直都是头号热门专业；而在哈佛大学，最热门的是政治学专业。这种现象在我国来说，是想都不敢想的。大多数家长都会让孩子选择实用的专业，而孩子在家长的教育和社会的影响下，也都抢着学习可以快速带来实际效益的知识。这对于孩子自身来说，是一种伤害；对于国家来说，是一种损失；对于教育来说，也是一种亵渎。

教育的目的在于培养对社会有用的人，学生不仅要掌握知识，更重要的是要掌握获取知识的方法，发展自己独特的个性，开发创造力，培养积极融入社会的能力。学生最重要的也不是要掌握多少知识，而是要培养对学习的兴趣和学习的能力，使孩子在今后成为终身学习者。最为关键的是，如果孩子缺乏参与社会的能力，发展成孤僻自闭的性格，不仅对自身发展不利，还可能对社会构成危害。

教育孩子不一定要有同样的一个模式，只要方法得当，相信孩子终归会成为"一流的人"。美国迪士尼公司的前总裁迈克·埃斯纳，他在大学期间学习的是英语和戏剧，从来没有学过工商之类的实用课程，然而却一样可以做到总裁。他对于大学教育有自己独特的理解，他认为："学习文学对人的帮助是难以置信的，因为人在做生意的时候总是免不了要处理人与人之间的关系。但是通过学习文学可以帮助你了解如何说能够打动别人。"对大学教育比较理解的中高产阶层明白这个道理：来到大学学习是为了接受宏观而抽象的通才教育，扩宽对生活视野的认知，加深对人本情怀的理解，更好地从宏观上来把握世界。当受教育者有如此之高的着眼点，高度已经在众人之上，还怕将来不会成为成功的人吗？还怕将来无法解决生活的实际问题么？

对于成功的理解，不同的人有不同的认知，但至少家长灌输给孩子的不是那样实际就好。一个人如果一天到晚只想着自己的那一点点个人需求，一定不可能成为对他人有利的人，也注定不会赢得别人的尊敬。那些只顾自己的人，又能体会多少人生的乐趣呢？

一个具有大气魄的人，必然会具备"家事，国事，天下事，事事关心"这样的素质，将来不仅可以成功，甚至可以成为领袖。"一流的孩子需要一流的观念"，确实如此，而那些期望孩子长大赚钱的家长，最后可能会所获无几了。

学前孩子不必早读书

薛涌的《一岁就上常青藤》一书对中国的教育提出了很多值得借鉴的观点，其中"孩子不必早读书"这一观点非常新颖且颇有道理。他认为，在学前阶段，孩子面临的最重要的挑战是发展感情和社会技能，即怎么和别人相处、怎么在陌生人的环境中保持情绪的稳定，而非读写算术的能力。当一两岁的孩子离开父母到了幼儿园时，这个孩子就等于走向了社会。对一个幼小的孩子而言，幼儿园构成了他的大世界；要理解和适应这个大世界，是一个非常大的挑战。而孩子在这一阶段的生活经验不需要读写、算术等技能。

他的女儿念的就是这么一家不教孩子读写算术的美国幼儿园，她每天的学习就是听老师念图画书。老师虽然不让孩子自己识字，但却让孩子在对着图画听故事的过程中，大大激发了想象力和对读书的兴趣，以致她从小听故事成瘾，而对电视缺乏兴趣。另外，这家幼儿园实行小班制，班级里不到 10 个学生，老师能够充分照顾到每个学生，而且学生也能在这种环境中能更好地与老师同学打交道，与人相处的能力得到了培养。虽然，他女儿从这个幼儿园毕业后，没有认识多少字，但是观察力十分强，而且情绪快乐、善于和别人沟通、适应能力强。在感情上的成熟和稳定，以及敏锐的观察力、想象力等能力使她在今后的学习中更加轻松容易，而她的学习成绩以及阅读水平也一直名列前茅，并且她还先后上了钢琴、芭蕾、中文、法文等大量额外课程，这么多的学习内容，对于她来说全无压力。对于这一切，该幼儿园早期的教育功不可没。

反思一下我们中国的幼儿园教育，相比之下，给孩子的压力确实大很多。基本上所有的幼儿园都很重视孩子的智力开发，所以不遗余力地对孩子进行知识教育。针对家长全方面教育孩子的愿望，幼儿园想方设法地开出丰富多样的课程，拼音、算术、音乐、美术、英语、蒙氏数学、经典诵读等，每天上四五节文化课，让孩子提早进入填鸭式教育。教育孩子的初衷是对的，但是这种方法却不一定是有用。这其中最大的负面影响，就是孩子的天性被压抑了。孩子本来是活泼好动的，现在被强迫坐在教室里学习，无疑是对他们发展的最大束缚。另外，对于幼小的孩子来说，这些在大人眼里很简单的知识是很困难的，本来离开家进入幼儿园这个全新的环境对于孩子来说，就是很大的压力，再被逼迫学习些困难的知识，这不是雪上加霜吗？而且，老师对于学生来说，是高高在上的权威，很难接近和依赖，同学们也是互不相关的个体，这样的环境让孩子没有安全感和归属感，容易引起孩子的社交障碍和情绪的不稳定，所以，难怪孩子不愿意上幼儿园。而这样的幼儿园教育，其实就是小学教育的缩影，而学前教育顾名思义是"学"之前的教育，把知识教育提到学龄前，不是与学前教育的定义和宗旨相悖吗？

02 / 天赋启发：
发现孩子的先天优势

孩子的学习潜能是需要开发的

孩子身上的智慧和才能需要发掘，需要有适合潜能开发的良好环境，需要坚持不懈地努力。所以，父母应该做的是，相信孩子一定有出息，创造条件，鼓励和引导孩子，让孩子的潜能闪现出耀眼的光亮。

我们的孩子也许在某些方面不尽如人意，但绝不可能在所有方面都无所作为。因为人的智力是多方面的。只要我们不把眼光局限在狭窄的知识学习方面，就可以最终发现孩子身上隐藏着的智慧和潜能。

1.培养独立思考能力，激发学习潜能

由于发展孩子的思维能力是培养创造性的核心，所以要培养孩子学会思考，善于思考，让孩子在思考问题的过程中发展思维能力和学习潜能。曾经有一个作家，他在他的孩子五六岁的时候，每星期都带他到公园里去看蚂蚁、捉蝴蝶，带孩子到郊外去采桑叶、观察树叶和花草的变化。在每一次活动中，他都会提一些容易引起孩子思考的问题，如："蚂蚁是住在哪里的""春天的树叶和秋天的树叶有什么不同"。以此启发孩子开动脑筋来思考

回答问题，同时也启发孩子自己提问题。当父母碰到孩子提的问题一时难以解答时，千万不要厌烦或简单化处理，最好是告诉孩子：这个问题我不太清楚，等我查了书后告诉你。而且要说到做到。这样也会传递给孩子一个信息：看书能学到知识。

平时，父母要利用一切机会和孩子交谈，通过交谈来激发孩子的思考。在和孩子交谈时，要尽量谈一些有利于孩子独立思考的问题，而不是代替孩子去思考。当孩子碰到问题时，父母可以为他提一些具体建议，启发孩子动脑筋想办法。另外，孩子喜欢做游戏，父母可以引导孩子进行各种创造性的智力游戏，例如用积木搭出各种形状的东西，让孩子猜是什么东西。和孩子一起编谜语，比如有一位家长要她的孩子编"手"的谜语，经过讨论后，结果编出了许多有关手的谜语，如手会画画、手会为客人倒茶、手会拍球、手会洗手绢等。孩子觉得很有趣，思维一下子就会活跃起来。

给孩子一个善于独立思考的大脑，胜过留给他家财万贯。家长要告诉孩子："一个不能独立思考的人终将一事无成。"虽然这样做会花费他很多的时间和精力，但他会发现，他在这方面的努力将会得到成倍的回报。

2. 从兴趣入手诱导孩子的学习潜能

"兴趣是学习和求知最大的动力"，这句话是人类在获取知识时总结出的智慧法则。同样，"快乐教育"的创始人斯宾塞认为，诱导是教育和培养孩子的最好的方法。兴趣是孩子对事物的主动选择，诱导则是促使和加强孩子的这种主动性，使兴趣变得持久、有目的。

3. 自己动手激发潜能

孩子是否具有照顾自己生活的能力，有其重要意义。从发展角度而言，这代表着身心成熟到某一程度，可以主动掌握自己的行为。这种行为，使孩子逐渐脱离依赖或被动的行动，进而能在自己的意识中主动行事，在生理的需求方面，不再只是依赖父母；在心理层次方面，它更是孩子建立自信心与安全感的重要基础。

把握生活中每一个可能让孩子学习的机会，父母可由事必躬亲的角色，转变成辅助教导，让孩子慢慢学习一些基本的生活处理能力。在教导孩子的过程中，父母应耐心地为孩子做清楚而明确的示范，并且放慢你的速度，以求清楚明确，让孩子看清整个过程，才能让孩子有效学习模仿。此外，在示范教导的同时，不要忘了加上语言的辅助，对孩子轻声细语地解说各项步骤，不但可以促进亲子感情，更可激发学习潜能，达到启蒙的效果。

让特长为孩子增添自信

有研究结果表明：一个孩子所取得的某项突出成绩，往往与其自信心的强弱有密切联系，而孩子具有某种特长又极大地强化了他的自信。也就是说，特长常常促使一个人在事业上获得重大突破。因此在促使孩子全面努力学习科学文化知识的同时，要注意孩子特长的培养和发展。那些强令孩子放弃自己的特长，而只埋头读书的做法是极其错误的。

如果孩子能有一技之长，那么，不管是在学习或业余活动中都会有很大的自信心，不管做什么事情他都能够积极主动地去面对。当孩子踏入社会的时候，他就更善于发掘自己的潜力，发挥自己的优势，经营自己的长处，从而找到适合自己发展的道路。

有一个落魄的青年流浪到了巴黎，他期望父亲的朋友查尔斯叔叔能帮助自己找一份谋生的差事。

"数学精通吗？"查尔斯问。青年羞涩地摇头。

"历史、地理怎么样？"青年还是不好意思地摇头。

"那法律怎么样？"

青年困窘地垂下头。查尔斯接连地发问，青年都只能用摇头告诉对方——自己似乎没有任何长处，连丝毫的优点也找不到。

"那你先把自己的住址写下来，我总得帮你找一份事做。"查尔斯最后说。

青年羞涩地写下自己的名字和住址，转身要走，却被查尔斯一把拉住了："你的名字写得很漂亮嘛，这就是你的优点啊。"

把名字写好也算一个优点？青年在对方眼里看到了肯定的答案。

我能把名字写得叫人称赞，那我就能把字写漂亮，能把字写漂亮，我就能把文章写得好看……受到鼓励的青年，一点点地放大着自己的优点，他脚步立刻轻松起来。

数年后，青年果然写出了享誉世界的经典作品。这个年轻人就是家喻户晓的法国18世纪著名作家大仲马。

生活中有很多人都拥有一些诸如"能把名字写好"这类小小的优点，或者说是长处，但常常会由于自卑等原因被忽略了，更不要说是一点点地放大它了。孩子的成长是一个相当长的过程，需要不断给予鼓舞和自我激励，去发掘一项优势潜能，以及能够激发他们努力向上的自信心和自尊心。俗话说"尺有所短，寸有所长"，每个人都有自己的长处，如果善于经营自己的长处，就会给自己的生命增值。

日本一位教育专家认为："人的大脑犹如一条毛巾，只要提起一端，便可带动全体。为何拥有一技之长的人，通常其他方面也会有优异的表现呢？正因为头脑有如毛巾般的特性，只要有一端被开启，其他部位也会相对地活跃起来。因此，若对某一课题产生好奇心，集中精力去做，必能促进全脑的活性化。"

这位教育家自己曾经有过这样的经验。在他中学时，有位同学成绩较差，同学们都瞧不起。但自从体育课教相扑后，这位同学以绝对的实力令人刮目相看，并从此获得了信心。以后他在班里积极发言，成绩也突飞猛进，令大家吃惊不已。

如果孩子能拥有一门擅长的学科，生活自然就会是充实愉快的，同时，也可能会因为自信心的增加而促使其他科目的进步。也就是说，一个拥有自信，对生活充满期望的人，将会由于连锁反应的产生，在各方面都有优异的表现。

当然，每个人都各有所长，无法事事精通。父母千万不要因为孩子在某方面有不理想的表现而苦恼，而是要随时对他的优点加以赞赏和鼓励，建立孩子的信心，在他面对各种情况时，均有积极挑战的精神，从而发掘孩子的优势潜能。

　　从理论上讲，发掘一项优势潜能的方法是符合"补强法则"的。"补强法则"是美国加州大学的哲学博士詹姆斯·多伯森，以哲学家的眼光在审视美国的教育（家庭和中小学教育）后，总结的经验和教训，从而提出的观点，它是指"当一个人的行为得到周围人的赞许时，这种行为就会重复出现"。比如自卑的孩子做事消极，总觉得自己做不好、会失败，常常打退堂鼓，但是如果他有了一项比别人强的拿手戏，就能焕发出自信心，觉得自己只要去做，就一定会成功。这种自信心一定也会延伸到其他更多的领域，使得孩子能积极主动地去面对各种各样的局面，应付各种各样的挑战。

　　父母要培养孩子的特长，可以留心孩子有哪些爱好，有哪些长处可以发展为特长，然后在这方面刻意增强孩子的兴趣。要发掘孩子的天赋，父母就要让孩子多接触各方面的事物，大胆去尝试，鼓励孩子自己动手去做、用心去观察，充分接受各种新的生活体验。除了让孩子做多种多样的尝试外，父母还应注意为他们提供各种学习的条件和施展才华的机会。然后在这些过程中，观察了解孩子喜欢干什么，擅长干什么，再因地制宜、因势利导地培养孩子，发展他们的长处。

抓住孩子的天赋进行培养

通过有关教育学家研究证实，当一个孩子 5 岁的时候是孩子的特殊时期，有些孩子在 5 岁的时候会在某一方面表现出一种特殊的敏感和强烈的好奇。这个时候，父母如果可以及时地捕捉到孩子的兴趣爱好，然后进行细心地培养和引导，将会有意外的收获。

被称为"钢琴诗人"的肖邦，父母都是音乐爱好者。肖邦从小就受到双亲的影响，对音乐特别感兴趣。刚开始的时候，父母并不想让肖邦去学音乐。但是，当他们看到小肖邦一旦听不到音乐就会哭，刚满 4 岁就要姐姐教他钢琴时，父母就意识到这孩子有音乐的天赋。因此，在肖邦 4 岁的时候，父母就让他正式从师学习钢琴。得到了父母的支持，小肖邦学得很快，也很投入，从而成为一名音乐神童。在19 岁的时候，肖邦就创作了《钢琴协奏曲》而一鸣惊人。

如果说每一个做父母的都能像肖邦的父母那样，能够迅速及时地捕捉住孩子的天赋，顺势引导，就能为孩子的成才打开通道。因此，做父母的要善于从孩子平时的语言、动作、眼神或所提出的问题中捕捉敏感区，以帮助孩子找到成才之路。

根据科学研究表明，孩子出生后，就具有许多方面的天赋，这些天赋有不同的类型，常见的有以下几种类型。

1. 具有音乐天赋

孩子在唱歌的时候音阶很准，音色甜美没有假声；或是在平常的时候喜欢听各种乐器的演奏，并能通过音乐辨别出有哪几种乐器；或是在日常生活中能对声响和音乐发表某些议论。这样的孩子可能是具有音乐天赋，父母要根据孩子的天赋进行培养。

2. 具有逻辑天赋

孩子能够经常提出诸如"时间是什么时候开始的"之类的问题；或是在平常善于划分人、事、物的种类和顺序；或是对家长的经济分配参与某些意见；又或是对自己的零花钱安排得颇为妥善。当有关这些事情发生的时候，父母就要注意培养一下孩子这方面的天赋了。

3. 具有认识自我的天赋

孩子善于把自己的言行与情感联系起来；对于别人将去做的事情能做出预感性的评议；对自己干的事情有准确的评判。这也是孩子天赋的表现。

4. 具有认识他人的天赋

孩子能够注意父母或周围人的情感变化，并对此表示支持或劝慰；喜欢模仿别人在生活中的言行。说明孩子对于认识他人具有天赋。

每个家长不妨注意一下自己孩子具备上述哪种天赋。如果孩子具有上述的某种天赋，你就要顺势引导，为孩子的日后成才创造条件。

但是，对孩子天赋的培养，也要注意以下几点。

1. 忌强迫孩子

虽然孩子表现出某些天赋，但是这并不表示孩子就会喜欢。

比如当有的父母发现孩子小时候对音乐的感觉不错时，就开始培养孩子练钢琴。于是，每个周末孩子都必须要去上钢琴课，每天回家都要练琴。让孩子的兴趣成了一门苦差事，孩子的活动时间被限制了，最后孩子开始对钢琴产生了很强烈的反感。这样适得其反的例子应该是很多见了。所以说，千万不要强迫孩子。要让孩子的天性自由地发挥，让爱好真的是爱好，而不是技能。

2. 忌三心二意

有些父母自己做事情都不能坚持，没有计划。在对待孩子的事情上面也是如此。今天看钢琴好，就让孩子学钢琴，明天看笛子盛行，就让孩子改吹笛子，后天看到人家的小孩子拉小提琴很有风度，就让孩子改成去拉小提琴，结果孩子最后什么都没学会。

3. 忌拔苗助长

有耐心的家长现在越来越少，而心急的家长却有很多。总是希望孩子在一天内就变得懂事，在两个星期内就会做很多的事情，在对待孩子特长的培养上面，也经常有这样的个案。

培养孩子的天赋须 "量体裁衣"

邻居家的豆豆刚过完 4 岁生日，她的家长就把 "沉重" 的钢琴搬回了家，从此，豆豆家传出了单调的钢琴练习曲。豆豆读小学了，豆豆的家长花 "巨资" 让豆豆参加一个有名的英语学习班，此外，豆豆还参加了市少年宫的奥数班，学校的象棋兴趣班。听豆豆的家长讲，豆豆对所有的这些东西都感兴趣，而且效果都挺好。去年豆豆通过了钢琴 7 级考试，今年参加市级象棋比赛获得了第四名，参加奥数比赛的成绩也不错。姗姗的家长羡慕极了，她也想自己的女儿能像邻居家的豆豆一样。于是，姗姗的家长也给姗姗买回了一架钢琴，姗姗家长自己对音乐一窍不通，便花钱请来音乐老师给姗姗做家教，每天练两三小时的钢琴。刚开始姗姗还很有兴趣，但时间稍长，便觉得苦不堪言，不想练了。爸爸训斥，妈妈诱哄，姗姗很不情愿，但又不得不练。但是，姗姗并没有像豆豆那样取得良好的效果。

其实，发生在豆豆和姗姗身上的现象现在社会上十分普遍，许多父母都非常重视孩子的特长培养。同样的培养，两个孩子表现出不同的效果，引起了我们的思考，培养孩子的特长应该注意什么呢？

首先，要根据孩子自身的条件，帮助孩子实事求是地正确地选择兴趣爱好和特长。孩子与孩子之间是有个体差异的，不同的孩子能力不同，发展潜力、发展方向也不一样。所以，家长在决定培养孩子的兴趣特长时，需要很好地观察，了解孩子的个性特点和兴趣倾向，了解孩子在平时哪一方面有"兴奋点"和"天分"。然后根据孩子的自身条件，实事求是地帮助孩子选择、确定兴趣爱好，并加以引导、培养，才能使孩子的兴趣、特长成为成功的动力，达到理想的目标。

其次，要避免对孩子进行强迫教育。如果想要让孩子形成某种特长，就必须重视对孩子学习兴趣和态度的培养。不论让孩子学什么，都要先启发，然后培养其兴趣，不能硬逼着孩子去练字、画画、弹琴等。如果父母不顾孩子的心理特点，采取强迫、命令，甚至威胁的手段硬逼孩子学习，那么其结果只会是扼制孩子的学习兴趣和成效，损害他们的身心健康。

第三，父母观念要正确，不能急于求成。当孩子开始学某一种乐器时，一些父母往往会拔苗助长、望子成龙心切，人为地给孩子加强"学习力度"，以"考级""获奖"或"获得众人较高的评价"来检验孩子学习乐器的水平，人为地给孩子加重了负担，从而使孩子感到苦不堪言而兴趣顿减甚至丧失了兴趣。常言道："兴趣是最好的导师"，当孩子没有了兴趣，将学习乐器当作苦差，唯恐逃之不及时，则失去了让孩子学习乐器的初衷。

父母在培养孩子的特长时，一定要"量体裁衣"。下面的例子说明了培养孩子的特长需要"量体裁衣"。

一位小学教师汪老师的女儿今年上六年级，她从 4 岁开始学钢琴，一直学到小学四年级，最后还是放弃了。这位汪老师曾对记者说："回忆这 6 年孩子学钢琴的经历，那真是一段辛酸史。"

女儿当初学习钢琴的时候，汪老师只想增强孩子的艺术修养和气质，弥补自己在这方面的缺憾，并没有想过非要让她成为一名钢琴家。

开始女儿还对钢琴有点兴趣，但上小学后，学习压力越来越大，逐渐对钢琴产生了厌倦情绪。每当汪老师催促女儿练琴时，女儿总是表现出烦躁和不满的表情，甚至怨恨母亲。

有一次，女儿练琴时还差一根手指的指法没有练，汪老师就批评女儿，女儿竟然气鼓鼓地说："干脆把这根手指砍掉算了！家长，我不想活了。"

"现在我才知道，女儿并不适合学钢琴。"汪老师说，"作为一名家长，我感到自己真的很失败。"

事实上，像汪老师这样培养孩子特长的失败经历，许多家长都经历过。他们并没有真正发现孩子的兴趣，而是根据自己的兴趣为孩子培养特长。

汪老师的女儿停止学钢琴已经快两年了。汪老师感慨地说："大人应该善于发现孩子的特长，而不应该人为地为孩子造一个特长。现在，经过四五年前给孩子疯狂报各种特长班的白热期，许多家长在培养孩子的特长时，都少了几许盲目，多了几分理智。"

本来不喜欢音乐，非要让孩子学琴；本来嗓子不好，非要让孩子学唱歌；本来喜欢美术，非要让孩子学习跆拳道。这种逆着孩子兴趣而培养特长的方式，最终会遭受失败。

薇薇今年 10 岁，但她已经有 6 年的武龄了。她家长告诉记者，培养孩子的特长必须"量体裁衣"，当初她本来想让薇薇学钢琴，后来发现孩子爱蹦爱跳，对武术很着迷。于是，她改了主意，让薇薇学武术。现在，薇薇参加了不少大大小小的武术比赛，她很愿意在外人面前展示自己的本领。练武术，不仅能够让薇薇强身健体，而且增强了自信心和胆识，学习成绩也越来越好。

总之，孩子特长的培养应是"我要学"，而非"要我学，逼我学"。培养孩子特长的手段应是鼓励、聆听孩子的心声以及春风化雨的诱导，而不是强迫压制。

要善于发现孩子的闪光点

玫瑰园里生长着许多玫瑰：红玫瑰、黄玫瑰、绿玫瑰、紫玫瑰、白玫瑰，还有一株黑玫瑰。玫瑰们都瞧不起这株黑玫瑰，鄙夷地说："黑不溜秋的，像个丑八怪！怎么配生长在我们中间！"黑玫瑰感到非常委屈，但它还是坚强地生活下来。不仅枝繁叶茂，而且花朵开得十分出色。"哼！丑八怪。"同伴们都嗤之以鼻，连瞧都不愿再瞧它。

一天，园丁陪着一位植物学家到玫瑰园里参观。植物学家在众多的玫瑰中间看了又看，忽然发现了这株黑玫瑰，惊喜地叫起来："黑玫瑰！这是旷世稀有的品种！"植物学家为了研究黑玫瑰，保存和繁衍这个珍贵品种，便以重金购买了这株黑玫瑰。

黑玫瑰离开了玫瑰园，然而玫瑰们却因为它们中间没有了这个"丑八怪"而感到十分羞愧和懊悔！

每个孩子都具有自己的长处。比如有些孩子虽然功课不好，但对音乐却有敏锐的感觉，在听过两三次后，就能将一首歌的词曲印入脑中，唱出来的曲调正确，歌声动听。对于这样的孩子，父母就应当认同他在音乐上的天分，赞美他歌唱得好听。这样，本来自认不是读书材料的孩子，就会一下子恢复信心，不仅是唱歌，对读书也会产生兴趣。

有一位父亲在这方面有过成功的探索。

他的儿子不但对课本失去兴趣，而且产生了逆反心理，他想出了种种办法全部无效。

他控制住恼怒、羞愧、焦躁、失望，冷静分析了这孩子，结论是，儿子学习不好，并非智力因素，而是失去兴趣，没有动力。人生没有实验室，儿子只有这一个，放弃是不应该的，只要有百分之一的希望，就该用百分之百的努力。可是，从哪下手呢？

一天，好似出现了奇迹，太阳升起在"西方"——儿子坐下看书了，已经有2小时了！他忍不住了，从儿子身后一看，啊，不是外语，不是代数，而是出自父亲书架上的一本关于古钱币的小读本！

"爸，这书真有意思，古钱这么有意思，真没想到！"

他心一动，既然儿子对这个有兴趣，就侧面进攻，从这里下手。于是，父亲给他讲了几个关于古钱的趣事。父子俩舒畅地对话了，这本小书，竟让儿子看出了大概，看来兴趣这玩意儿挺灵。

儿子过生日，父亲说："爸爸送你点礼物。"

"钢笔？"

"不是。"

"反正是笔记本、作文选什么的。"儿子竟不怎么理他。

他把拳头一展，"啊，古币！"儿子一把抢去，往桌子上一抛，三枚黑中有黄的"孔方兄"愉快地旋转着。可能是心情好的缘故，儿子在月考时，成绩竟上升了一点。

以后，他有意给儿子一点零用钱。儿子攒着、算着，买回一枚一枚铜钱，也买了几本书。儿子对古钱已经痴迷了。

渐渐地，儿子开始看课内书了。虽然慢，但能看出来，儿子的成绩在上升，甚至有几次儿子埋怨父亲不会给他讲题。

一天，他问："怎么不问我古钱了？"

"爸爸，你说，我这样考大学还来得及吗？"他自然是一番道理和一些名人的学习故事。儿子托着胖脸蛋，一副大战就要打响前指挥员的样子，使劲地说："我要考大学！我要学古钱！"

这样一步一步往前走，这个开始学习最差的学生，到高三时终于成为班级的头名。最后终于考入了重点大学历史系。

这位父亲发掘了孩子身上的"闪光点"，并创造了有利于他发展的适宜环境。孩子在古钱的痴迷之中，重新获得了信心、乐趣，重新回到课内书中，并主动说要考大学，最后真的考上大学。

如果父亲不是因势利导，而是严厉责备、无情否定，那么，孩子是否会成功？

每个家长都应当相信，学习成绩不好是不可避免的。作为父母，我们要用赏识的眼光仔细观察自己的孩子，即使孩子非常平凡，我们也能发现他四射的魅力，他的闪光点。赏识孩子是一种非常艺术的教育手段，用得好，就可以让孩子信心大增。要从真正意义上做到赏识孩子，父母要注意以下几点。

1. 深入挖掘孩子的闪光点

父母要给孩子充分的理由，让他真正认识到自己的长处，寻回自己的自信。父母的赏识不能仅仅停留在表面，"你不笨""你挺棒的"这些话对孩子的激励作用并不大。只有深入挖掘孩子的闪光点，才能起到激励的作用。

2. 赏识孩子，应体现在行动上

赏识孩子也不能只表现在口头表扬上，而是要给孩子创造展示自己的机会。一次成功的回答问题、一次众人面前的展示都能发挥孩子的才智，让他们认识自身价值的同时还能够体验快乐，增强信心，也让其他孩子能够看到他的过人之处。

3. 让孩子体验成功

赏识孩子，还应该在他遇到困难时，鼓励他，让他勇敢面对，在他取得成绩时，给他赞美和掌声，让他体验成功的喜悦。

每个人在成长的过程中都会遇到这样那样的难题，都会有感到彷徨、无助的时候。同时，也会取得这样那样的成绩，有需要与人共同分享的时候，需要在他人的赞美声中获得自我肯定。这些时候都是父母赏识孩子的最佳时期，父母的一句鼓励会让孩子获得无穷的力量和勇气；父母的一句赞美也会让孩子体验到成功的喜悦。

当孩子在幼年时期对某个事物表示感兴趣的时候，父母千万不要反对，哪怕他是在观察蚂蚁搬家。这也许有悖于家教的初衷或妨碍了教育计划，但这很可能是孩子天赋萌动的时候。与那些学习失败的孩子接触时，会发现他们身上也有闪光点，也有自己的长处。所以，父母要善于发现孩子身上的闪光点，并加以鼓励，让孩子的长处得以发挥和发展，这样孩子将来才会取得成功。

谨慎对待孩子的特长教育

随着时代的进步，社会对人才的标准越来越高，那些望子成龙、盼女成凤的父母们就开始为孩子的将来打基础了。父母们都希望孩子能够在接受正常教育的前提之下，再让孩子接受一项甚至是几项特长教育，让孩子掌握更多的技能，去迎接未来的挑战。于是，以培养孩子某些特殊能力为目的的特长教育就应运而生了。比如书法班、美术班、舞蹈班、音乐班等，应有尽有不一而足。

然而，由于某些父母在这些方面思想认识上的错误，导致孩子的特长教育进入了种种误区。所以，父母们要小心。

误区一：一厢情愿。父母为了让孩子能够拥有一两项特长就一厢情愿地为孩子报了班。对于那些被迫进入特长班学习的孩子来说，他们几乎都不是甘心情愿的，有相当一部分的孩子是由父母一手包办的。因为，由于年龄问题，不少孩子对于自己应该学什么、自己是否需要进行特长教育等问题心中都没有什么底。这样一来，如果孩子在进入特长班之后，对所学的内容缺乏学习兴趣，不但不能收到应有的教育效果，反倒会阻碍孩子情商和智商的正常发展。所以说，为孩子报特长班，父母一定要取得孩子的同意，然后再和孩子一起研究，看孩子对哪方面有兴趣。这样，就不会进入这个误区了。

误区二：贪多求全。在一些父母的眼里，他们总是盲目地认为多学总比少学好，还说什么技多不压身。于是，就今天让孩子去学钢琴，明天让孩子去学美术，再过两天又让孩子去学书法了。就这样，不堪重负的孩子，平时忙，双休日也要忙，除了要完成学校的家庭作业之外，还要忙着写字、弹琴或是绘画。在这样的压迫下，难怪会有些孩子发出这样的感慨：放学之后，我宁愿被老师留下来也不愿意立即回家。孩子还小，没有能力承受那么多的压力，让孩子专攻一项要比同时应付好几项要有效率得多。

误区三：方法不当。不能不承认，特长教育对于孩子来说，的确有其积极的一面。但是，父母要清楚，孩子毕竟还只是一个孩子而已，贪玩好要是孩子们的天性。同时，他们的兴趣和爱好也都具有比较大的可变性，可能今天喜欢的东西，明天就不再喜欢了。因此，父母要注意因势利导，激发孩子学习的兴趣和学习的欲望。但是，事实上有相当一部分的父母都没有能够做到这一点。当孩子对学习产生厌烦的时候，父母不但没有循循善诱地对孩子加以引导，反而还采取了强迫压制的办法去逼着孩子学，而结果也往往会事与愿违。所谓"强扭的瓜不甜"，父母们是不是应该让孩子自己去选择，自己去决定呢？说不定，这样会比强迫孩子更有效果。

想要走出上面所说的三个误区，父母们可以从下列两个方面着手。

　　首先，需要父母们端正自己的认识。要知道，孩子毕竟和大人不一样，所以，父母不能用对成年人的标准去要求孩子。想要让孩子接受特长教育，就应该根据孩子的心理特点加以引导。只有这样，才能达到父母所期望的效果。同时，父母还应该明白，对于孩子的教育内容极为广泛，包括知识教育、品德教育以及技能教育等多个部分，特长只不过是其中技能教育中的一个组成部分，父母没有必要看得太重，只要把它当作是对学校教育的一种补充就好了，而且只能在孩子力所能及的情况下进行，以免产生喧宾夺主的不良后果。

　　其次，还需要父母掌握正确的教育方法。特长教育和学校教育不同的地方是，特长教育主要是培养孩子对某些技能学习的兴趣和欲望，因而在教育过程中应有张有弛、松紧有度，并给予孩子足够的自由活动的时间和空间，使孩子在玩中求学、在学中也能玩，如此一来才能收到良好的教育效果。

孩子一时的好奇心不一定就是天赋

　　1935年核物理专家伊蕾娜，与丈夫里奥因发现人工放射性物质共同获得了诺贝尔化学奖。世人对她投入羡慕眼光的时刻，也把焦点聚集在了她母亲的身上，原来她的母亲是两次获得诺贝尔奖的居里夫人。居里夫人不但是一位伟大的科学家，还是一位伟大的教育家。她对两个女儿的家教观念是以挖掘她们的某种天赋为主。

早在女儿牙牙学语时，居里夫人就开始对她俩的潜质进行了探索性的发掘。女儿刚上小学，居里夫人便让她俩每天放学后在家里进行 1 小时智力活动，以便进一步发掘其天赋。当她们进入赛维尼埃中学后，居里夫人让女儿每天再补一节"特殊教育课"——在索尔本的实验室里，由让·佩韩为伊蕾娜和艾芙教化学，保罗·朗之万教数学，沙瓦纳夫人教文学和历史，雕塑家马格鲁教雕塑和绘画，穆勒教授教 4 门外语和自然科学，这些人都是居里夫人科学上的好朋友、艺术上的知音。而每星期四下午在巴黎市理化学校里，由居里夫人教女儿物理学。

经过 2 年"特殊教育课"的观察鉴别后，她发现：大女儿伊蕾娜性格镇静、朴实、专注和自然，着迷于物理和化学，她明确自己的使命是要当科学家并研究镭，这些正是科学家所具备的素质。小女儿艾芙心灵跳跃、充满梦幻、情绪多变，居里夫人先培养她学医，再引导她研究镭，又激励她从事自然科学，可她对科学不感兴趣。艾芙的天赋是文艺。正是运用这种发掘孩子天赋的家教，居里夫人最终使大女儿伊蕾娜·居里因"新放射性元素的合成"于 1935 年荣获诺贝尔化学奖，也使小女儿艾芙·居里成为一位优秀的音乐教育家和人物传记作家。

居里夫人在挖掘孩子的天赋上用的功夫，是大多数家长难以企及的，所以，她也取得比其他家长更多的教育成果。

每个孩子都是一个独特的个体，都有一种或一种以上的特殊本能、技能或特质，有自己的智力强项和弱项领域。孩子的智力强项领域就是他潜在的天赋与才能所在，只是有待我们去发掘。所以做家长的首先要相信你的孩子是独特的，并以赏识的目光来审视他。然后，家长要在对孩子的密切观察中挖掘出孩子的天赋。

　　当孩子表现出一些兴趣苗头的时候，家长最好保持一种观察的姿态，或者提供条件让他们去接触，但千万不要急着给孩子报班。

　　其实，孩子在接触新事物的时候，都会表现出好奇来。他没有见过钢琴，自然就会对钢琴好奇；没有听过古筝，也会对古筝着迷。这种好奇与天赋是不一样的，但很多家长急于发现孩子的天赋，不知不觉就把自己的一厢情愿当成了孩子的前途。就算家长能帮孩子找到正确的路，孩子也未必会走得开心！在观察孩子的过程中，等待和引导才是让天赋涌现出来的捷径。

　　真正的天赋，是任何外在的环境都无法抹去的，是与生俱来的能力。家长如果急于把孩子的爱好当成天赋，要么毁了孩子的兴致，要么毁了孩子的童年，都是非常不值得的。

　　要想知道孩子在哪个领域有天赋，首先要给孩子提供尝试多个领域的机会和条件。不要以成人的眼光过早地把孩子定位在成人选择的某一领域，应给孩子提供在多个领域尝试的机会和条件。孩子在多种尝试中定会显现出不同程度的兴趣和能力，从而可以得知孩子的天赋所在。另外，如果家长给孩子够多的尝试领域和选择机会，孩子往往对他的优势领域感兴趣，有了兴趣自然就成功了一半。在这一领域的成功，能极大地提高孩子的自信心和学习热情，从而把这种信心和热情也会迁移到其他领域，使其他领域也获得发展，达到事半功倍的效果。

在给孩子提供多个领域尝试的同时，家长要勤于观察记录孩子的表现，以积极的态度，尽可能多地注意孩子积极的一面，记录他的优点和长处；在日常生活和游戏中，在不受干扰的情况下，观察孩子的表现，并记录下来，因为这时孩子往往会表现出真实的自我；从熟悉孩子的人那里听取意见，有时他人才能认清你作为家长所无法看到的特点；向老师询问，老师可能看到孩子在家长面前并不表现出来的方面。有了这些细心的观察和了解，你一定会发现自己孩子的天赋与才能，然后加以挖掘培养，我想你和孩子的生活都会充满愉快的成就感。

小测试：看看你的孩子有哪些方面的出色能力

在美国康涅狄州耶鲁大学任教的罗伯特·斯腾伯格博士致力研究一种"多方面"的测验，这种测验考虑到孩子的多方面才能。

1. 善于记忆诗歌和富有情趣的电视中的台词。

2. 很少迷路——尤其是女孩。

3. 能注意到别人情绪的各种变化。

4. 经常问像"这件事是什么时候开始的"之类的话。

5. 动作协调优雅。

6. 能很好地按调子唱歌。

7. 经常问有关雷鸣、闪电、下雨等宇宙间的问题。

8. 你改用了讲述故事时常用的一个词时，他会纠正你。

9. 学习系鞋带、穿袜、骑自行车很快，且不费力。

10. 喜欢扮演角色、编故事，且演得、编得很像样。

11. 乘车的时候会说："去年冬天奶奶带我来过这地方"。

12. 爱听不同的乐器演奏，并能根据音色讲出乐器名称。

13. 擅长画地图、绘物体。

14. 好模仿各种表情和各种体育动作。

15. 按规格、颜色收藏玩具。

16. 善于表达做某件事的感受，如"这样做我很高兴"。

17. 很会讲故事。

18. 喜欢评论各种声音。

19. 与某生人见面时会说出："他使我想起了小明爸爸的样子"之类的话。

20. 能准确地说出他能干什么，不能干什么。

测试结果：

如果你的孩子表现出如上情形的话，他可能已显露出出色的能力和才华。反映其能力和才华的具体对应如下：

语言能力——1、8、17；音乐能力——6、12、18；逻辑数学能力——4、7、15；空间想象能力——2、11、13；身体运动能力——5、9、14；了解自己的能力——10、16、20；了解他人的能力——3、10、19。

03 / 兴趣引导：
如何让孩子成为
主动学习者

孩子的学习兴趣是需要培养的

兴趣是人的认识活动所需要的情绪表现，它主要表现在人们认识事物过程中的良好情趣上。一个人对某一事物有兴趣，表明他愿意更深入、更多地认识这个事物。学龄初期的孩子兴趣活动的特征是：孩子的兴趣已经在幼儿期就发生与发展，但是这时的兴趣多限于自己愿意做的事情上，而且这个时候的兴趣缺乏动机，并容易转移。当孩子入学后，在学习活动中，并不是所有的课程都会使他感兴趣。因此，想要使孩子对全部的学习内容都感兴趣，并轻松自如进行学习，就需要调动孩子的意志活动参与，使其运用意志活动努力迫使自己去学习不感兴趣的课程。

那么，怎么样才能让孩子对学习产生兴趣呢？

1. 精心呵护孩子的好奇心

好奇心是孩子学习兴趣的源泉。好奇、好问、好动，渴望通过自己的探索来了解世界，这些都是孩子的天性。那么，父母该如何呵护孩子的好奇心呢？

当孩子把奶瓶反转，并且试着从奶瓶的底部来吸奶的时候；当孩子将停下了的玩具火车又推又拉又打，想使它再次跑动起来的时候；当孩子在公园里专心地看着被风吹得摇摇摆摆的花草的时候，这些都是他们在好奇心的驱使下探索这个陌生世界的表现。对于孩子来说，所有的一切都是新鲜的、值得探索的。这个时候，大人不要忽视和否定孩子的学习和探索行为，而是应该精心地呵护孩子的好奇心，努力用孩子的眼光去观察这个世界，跟孩子一起去惊异、去提问、去讨论、去共同做出结论。

当孩子带着问题去问父母的时候，父母不应该简单地将结论告诉孩子。例如，当孩子问"鸟儿晚上睡在哪里"时，父母不必直接回答，父母可以与孩子一起探讨鸟儿在晚上可能的去处；当孩子问"黄色和蓝色颜料混合后会变成什么颜色"时，父母也不要简单地告知"会变成绿色"，父母可以说："是啊，那究竟会变成什么颜色呢？"以此来引导孩子去试验，去思考，让孩子自己去得出结论。同时父母还可以通过一些开放式的问题，激发孩子对事物的好奇心与探索的欲望。

能否给孩子自由思考的空间和时间，这是呵护孩子好奇心的关键。父母如果经常给孩子下达一些强制性的智力作业，那么孩子会感到总是在一种有压力的环境之中，他们便会将思考问题看作是一种额外的负担，久而久之，他们的好奇心和学习的兴趣就会消失殆尽。因此，对于强制性的智力作业，要少些，再少些。

2. 为孩子创造一个愉悦的学习环境

例如，孩子一般都爱听故事，不管是老师或父母讲故事，还是广播电台或电视台播放故事，孩子们总是能够专心致志地听，特别是绘声绘色地讲故事最能吸引他们。当父母讲小人书中的故事时，就会发现孩子常常是一边听一边很想认识书上的字，这种主动要求学习的精神是非常可贵的。父母可以利用这一时机因势利导，适当教孩子认认字，不要求孩子写，更不要求孩子记这些字，只要他们能认识，能把一个小故事读下来就行。孩子听得多了，读得多了，就自然而然地掌握了这些字。父母会发现有一天，孩子已经能很连贯地把书上的故事朗朗上口地读出来了。当孩子在阅读课外书刊时，父母可以利用读物内容，作为与孩子对话的内容。这样，孩子在一个宽松愉悦的学习环境中，可以不时地受到启迪，并逐步养成主动学习、主动探索知识的兴趣与习惯。

3. 带孩子到大自然、社会中去开阔眼界，提高学习兴趣

父母可以经常有意识地引导孩子到大自然中观察日月星辰、山川河流。比如春天到了，父母可以带孩子去观察小树以及其他植物的生长情况；夏天来了，父母可以带孩子去游泳、爬山；秋天的时候，父母可以带孩子去观察树叶的变化；到了冬天，父母又可引导孩子去观察人们衣着的变化，看雪花纷飞的景象。这样一来，孩子通过参加各种活动开阔了眼界，丰富了感性认识，提高了学习兴趣。父母最好能够指导孩子参加一些实践，比如，让孩子自己收集各种种子、搞发芽的试验、栽种盆花，也可以饲养一些小动物。随着孩子年龄的增长，可以启发他们把看到的、听到的画出来，并鼓励他们阅读有关图书，学会提出问题，学会到

书中找答案。这样，孩子的兴趣广泛了，知识面扩大了，学习能力也在不知不觉中提高了。

4. 发展孩子多方面的兴趣

一些孩子由于受到家庭和周围环境的影响，在三岁左右就开始对画画或乐器产生兴趣。特别是当孩子进了幼儿园以后，在老师的诱导下，他们的兴趣爱好出现了第一次飞跃。最先使孩子产生兴趣的一般是画画、唱歌和表演，当然这些都是模仿性的。对钢琴、电子琴、手风琴的兴趣都可以在幼儿期唤起，这时父母不要去要求孩子能够达到什么水平，而是要以唤起他们对各种乐器的兴趣为主。下棋更是如此，很小的孩子就喜欢跟大人下棋，当然更喜欢和小朋友们一起下游戏棋。父母只要做有心人，为孩子们提供一些条件，准备一些简单的器具，多给孩子讲讲自己的见闻，多与孩子一起玩，孩子多种学习兴趣就会逐渐培养起来。

让兴趣点燃孩子学习的热情

兴趣对一个人是相当重要的，它关系到一个人一生的志向和事业的成功。兴趣是一种潜在的强大动力。当一个人对某个方面产生兴趣后，它就可以给这个人带来不可思议的力量和勇气。

天才源于兴趣。一个生机勃勃和富有创造精神的人，总是睁大了敏锐的眼睛，带着求知的饥渴，观察周围的一切事物，从中汲取知识的养料。

当一个人对某一事物产生强烈兴趣的时候，他的大脑皮层实际上正处于一种兴奋状态，这个时候，他的注意力会高度集中，思维会异常活跃，想象也会十分丰富，这就是学习热情最旺盛的时候，也是学习效率最高的时候。一个人的潜能在这种状况下可以得到最大限度的发挥，从而获得极大的快乐。随着满足、愉悦感的产生，他便会获得一种积极的情绪体验，这种情绪体验成为一种内在动力，进一步激发他的学习热情，学习的良性循环就是这样产生的。了解了这一点，我们也就明白了感兴趣的课程往往学得最快、成绩最好的原因。

可以说，古今中外那些有所创造的人，他们的成功列车最初都是由兴趣的力量来启动的。尽管当时看不出有什么意义，但正是有了这种推动，经过执着不懈地探求努力，他们最终创造了奇迹。

然而，兴趣并不是先天具有的。一个人的兴趣是由他的生活环境和教育环境决定的，是后天的，也就是说兴趣是可以培养的。孩子的兴趣爱好是在学习和生活实践中培养起来的，没有先天就对学习感兴趣的。因此，父母要重视早期培养孩子有益的兴趣，这是父母都应该要做到的。

在孩子很小的时候，父母就要注意从孩子的游戏中开发兴趣。游戏是孩子生活的本质，是他们培养自己能力、形成个性人格的自发动力。这种自发动力的基础是"兴趣"，没有兴趣的活动不是游戏。只要父母有心引导，任何事情都可以引起孩子的兴趣。

由于孩子年龄小，对有兴趣的事情，一开始往往只凭一时的好奇和热情。因此，作为父母，仅仅唤起孩子的兴趣是远远不够的，应当对孩子的兴趣进行恰到好处的引导，引导他们从兴趣中探索和思考，从兴趣中获得科学知识，在兴趣中立志，努力钻研，使孩子保持兴趣的长久性。切忌对孩子的兴趣不闻不问，无动于衷，这样容易使孩子的兴趣来得也快，消失得也快。

告诉孩子："好好玩吧！"

绝大多数父母一向认为，学习是一件辛苦的事情，孩子是不会喜欢的。只有在他们的监督之下孩子才会用功，所以，家长们都有一句习惯用语，那就是"赶紧用功学习"。其实这句话最容易引起孩子的反感，也是他们最不愿意听到的，甚至这句话会产生事与愿违的效果。

试想一下，如果孩子已经很用功了，那么说这句话无疑是多此一举；但是，如果孩子本来就不用功，这句话就只能让他们觉得更不愉快。而且，即使是用功的孩子在父母反复唠叨下也会觉得厌烦，说不定会产生逆反心理。

从下面的例子就能看出大人的训斥对孩子起不到任何的

作用。

张超和邻居王磊都是标准的垒球迷，他们俩经常约在一起看球赛。

有一次，张超约王磊到他家一起观看联赛开赛后的第一场球。王磊到他家时正好看见他往桌子上摆酒菜，他的儿子在一边垂涎欲滴，但是张超说："别在这捣蛋，赶紧回去做作业。"他儿子在一边磨磨蹭蹭地不想走。于是张超提高了声音："你没听见我的话吗？"孩子无可奈何地走回房间。

赛事的确很吸引人，儿子不时地从房间内探头探脑地往外看。于是，张超总是不时地大声呵斥在房间内探头探脑的儿子：

"赶紧回去用功！"

"老实点，小心我揍你！"

"不准跑出来，等球赛一结束，我马上要检查你的作业。"

"你小心点，看一会儿我怎么跟你算账！"

当看到精彩的镜头时，张超和王磊都不禁屏住了呼吸。突然，发出一声巨响"哐啷"，把他们吓了一跳，回头才发现，原来孩子在门口张望时不小心碰倒了花瓶。

张超顿时暴跳如雷，开始责骂孩子："你这个不省心的家伙，叫你用功学习偏不听！作业做完了吗？"

"做、做完了……没、没有，还有一点。"孩子吓得说话都不利索了。

张超一把将他拎起来扔到书桌前："赶紧把你的作业做完，整天就知道玩，再这样小心我收拾你！"

孩子低垂着头嘟嘟囔囔地低声说："就你能玩，我怎么就不能玩？"

这句话引起了张超的思考，他感觉孩子的话并非没有道理。

有些父母平时不注意自己的言行，整天串门、聊天、看电视，只知道玩乐，却不停地要求孩子用功。要知道，父母的行为对孩子有着巨大的影响。

虽然，孩子有时慑于父母的权威，会规规矩矩地坐在桌子前，其实他们多半只是装装样子罢了，心思早已跑到了九霄云外，绝不可能真正地学习。这种表面上看来很成功的做法，起到的只是完全相反的效果。

也许家长们最初只是想用"赶紧用功学习"这句话稍微提醒一下孩子而已。但是，反复的唠叨只会让孩子产生无形的压力和反抗心理。最后的结果是陷入一种恶性循环——提醒注意的话语变成了命令，接着变成严厉的训斥，以至于越来越严厉。于是，"赶紧用功学习"这句话最终造就的是不用功的孩子。

有位老师在某个学校，发现了一个极其出色的孩子，虽然他只有 6 岁左右，但演奏维瓦尔第的小提琴协奏曲《四季》时，音色优美、雄浑有力，看得出来，这个孩子必定练习了很久。

老师问孩子的母亲："这孩子练了多长时间呢？"

"有两年半了。"母亲回答说。

"演奏得真不错，每天练习多长时间呢？"

"4 小时吧。"

"这么长的练习时间，孩子能够长期坚持吗？"

"没问题，他喜欢得很呢。我平时也喜欢拉小提琴，每天练琴前就叫上儿子'快来和家长一块玩'，不管他拉多久我都会陪着，所以他从不觉得有半点勉强。现在都变成他叫我同他一起玩了。"母亲高兴地说。

老师觉得这个办法真不错，后来他在教学中也运用了这种方法。如果音乐教室的孩子对小提琴产生了想玩玩的兴趣，那么他就会按照以下的顺序进行授课。

首先，老师会发问："你是不是想拉小提琴了？"

"是啊！"

"那么，你可以做到认真练习吗？"

"当然能，现在就请老师开始教我吧！"

当孩子学会一点演奏以后，老师就安排高年级的孩子和他一起演奏，这样可以激发低年级的孩子要求更多的进步。

孩子们在开始合奏练习时总会兴奋不已。老师会说："来吧，和大家好好地一起玩。"

这句话会让孩子把所有的心思投入到练习中。

所以，家长们不妨试一下，将"赶紧用功学习"替换成"好好玩吧"，让孩子在玩耍中产生学习的兴趣，一定能取得出乎意料的效果。

怎样使孩子把注意力集中起来

孩子可能会对很多事情都有兴趣，但是却通常很难专注于某件事情，也就是说，他没有全身心地投入。这可能是因为父母的浮躁心理、喜欢攀比的心理引起的。有的父母见别人的孩子学什么，也要让自己的孩子去学，恨不能让孩子把所有的技能和特长都可以掌握。父母的这种行为，就造成了孩子看起来什么都会，却没有过硬的一技之长，造成了孩子在学习上不专注。

浏览一下那些有作为的名人们，他们差不多都是特别专注的人。

法国大作家巴尔扎克就是这么一个人。有一次，他在写作时有朋友来访，他很长时间都没有发现。中午仆人送来饭菜，客人以为是给自己送的，就把饭菜吃了，后来客人发现巴尔扎克还是那么忙就走了。天黑了，巴尔扎克觉得该吃午饭了，就来端碗端盘。看到饭菜已被吃光，他责备自己："真是个饭桶，吃完还要吃！"

法国昆虫学家法布尔为了解蚂蚁生活习惯，曾连续几小时趴在潮湿、肮脏的地面上，用放大镜观察蚂蚁搬运死苍蝇的活动。他的这种行为引来了周围许多人的围观议论，但他毫不理会。

我国数学家陈景润一边走路，一边想他的数学问题，不知不觉中和什么东西撞上了，他连声说"对不起"，却没听到对方有所反应，抬头一看，原来是一棵大树。

这些都说明了他们有着超高的专注力，可以说，专注力就是他们成功的基础。所以说，培养孩子的专注力，让孩子能够专心学习是非常重要的。父母在孩子小的时候就应该把孩子的这项能力激发出来，因为，只有聚其精，会其神，孩子才有可能取得成功。如果想要让孩子的学习成绩有所提高，第一步就是要培养和训练孩子的注意力，让他们养成专心致志的习惯。要知道，如果孩子的专注力不能够很持久的话，是会影响到孩子的学习的。父母需要一些方法来训练一下孩子的注意力。

1. 给孩子一个宁静、整洁的学习空间

每个孩子都希望有一个属于自己的空间，在那里，他可以做自己想做的事。所以，父母要给孩子准备一个属于他们自己的天地，让他们在里面画图、阅读、听音乐。在孩子的书桌上除了文具和书籍之外，不要摆放其他物品，以免他分散注意力。女孩的书桌上也不要放镜子，更不能允许孩子一边看电视一边做作业。

2. 让孩子独立完成作业

有的父母会因为孩子的注意力不够集中而在旁边"站岗"，这样一来，孩子一遇到不会的问题就会问父母，久而久之就会产生一种依赖的心理。所以，父母应该让孩子独立做作业，不要在旁边打扰孩子。

3. 多给孩子一些休闲的时间

在放假的时候，父母可以安排一些适合全家休闲的方式，让

孩子放松一下心情，这样还可以增进和孩子共处的时光。旅游不一定只去那些风景游乐区，可以在社区活动一下，比如散步、打球、拜访邻居、认识一下周围的环境，甚至还可以逛一下商店、超市或是图书馆。

4. 给孩子一个明确的完成作业的期限

父母可以这样对孩子说："你可以不用心，但你必须在八点钟之前完成作业，否则，周末就不能做什么。"等等。这样可以培养孩子的时间紧迫感，慢慢地让孩子形成学习规律。有了明确的任务，孩子学习时就有了动力，才能保持紧张状态。当然，要求孩子学习时，时间不能太长，也不能要求孩子长时间做同一件事。这些都是导致孩子注意力不能集中的因素。

5. 父母陪孩子学习不可提倡

事实上，正如一位权威人士所说："有的孩子学习拖拉是因为没有养成良好的学习习惯，更多的则是由于父母过分关注他们做作业，甚至包办代笔。"大多数教育专家都不赞成父母陪孩子读书，因为父母总会情不自禁地敦促孩子不要这样做，而要那样做。这些时断时续的语言刺激，更易于分散孩子的注意力。同时，也会让孩子对父母产生强烈的依赖性。

6. 合理安排学习内容的顺序

父母可以建议孩子先做一些比较容易的作业，在孩子注意力集中的时间再做比较复杂的作业。除此之外，还可以把口头作业和书写作业相互交替。

7. 给孩子适当的奖励

当孩子按时完成了作业，父母不但要从言语上加以表扬，还可以辅助一些别的奖励。同时，还可以为孩子设定一个假想的竞争对手，提醒他或她"谁每天晚上只需花 1 小时就能完成作业，还有时间看动画片什么的"。

8. 为孩子营造一种良好的学习环境

许多孩子注意力不集中，主要与家庭环境有关。有的父母白天上班很累，晚上就喜欢看电视，而且声音很大；还有的父母喜欢把邻居、同事约在家里打麻将，这必然会影响孩子的注意力。当孩子学习时，父母一定要保持安静，不要让孩子注意到父母在做什么。如果父母一直保持着良好的读书、学习的习惯，孩子就能耳濡目染。此外，要注意排除干扰孩子学习的因素。许多孩子习惯边听音乐边写作业，这是一种不好的习惯，是分散注意力的诱因。

9. 孩子学习的速度和难度要适中

在每一个年龄段，孩子接受的新知识都有一定的量。如果要求孩子的学习速度太快时，孩子肯定会囫囵吞枣。如果速度太慢，孩子的思维就容易懈怠，从而造成开小差、走神。与此同时，如果孩子学习的内容太难，孩子无法真正理解透，学起来就没什么兴趣可言，开小差在所难免。相反，如果孩子学习的内容太简单，孩子就会感到索然无味，也会造成注意力不集中。

10. 适时解除孩子内心的忧虑

当孩子心理压力比较重的时候，孩子的注意力就无法集中。

许多孩子害怕考试，尤其是害怕一些被家长们告诫为"将决定一生命运"的考试。为此，孩子们经常心猿意马，甚至胡思乱想。背负着沉重的心理负担，孩子们自然就无法专心学习。因此，但凡优秀的家长，都是孩子称职的心理安慰师。

孩子不能专心，常常是因为心静不下来，如果父母能够经常带领孩子静坐、冥想、远望，对于孩子的静心专注会有很大的帮助。

和孩子一起学习，一起游戏

有些父母自己躺在床上看电视，却不准孩子看电视，一味地叫孩子"好好读书"；自己总是看一些报纸杂志，却叫孩子只能看参考书、儿童文学，并要孩子将来上一流大学，这实在是说不过去。要想让孩子用功，父母本身也应该用功才对。当然并不是说非要父母求取"学问"，或阅读一些高难度的书本，只是希望父母也能自我进步、自我要求，而不只是看些周刊、电视连续剧之类的东西。

在孩子小的时候，如果缺少了与孩子一起学习的观念，让孩子一个人面对枯燥、难懂的知识，对培养孩子的学习兴趣是有影响的。如果父母能够与孩子一起学习，让孩子觉得面对困难的不只是他一个人，这样孩子就不会厌恶学习。当孩子遇到学习困难时，父母也应该与孩子一起解决，让孩子体会到学习的乐趣。所以，与孩子一起学习对培养孩子的学习兴趣是非常重要的。

父母与孩子一起学习，还有一个非常重要的因素，就是让孩子明白学习是一件重要的事情。因为孩子还小，他们对学习的重要性没有实质的认识。当孩子稍微懂事以后，他就会逐渐明白，父母都花费时间来陪自己学习了，这说明学习对自己是一件非常重要的事情。

另外，与孩子一起学习，还可以培养孩子的自信心。因为，当父母帮助孩子解决学习上遇到的一个个困难以后，就会让孩子觉得困难也是很容易解决的，从而增强孩子的自信心。同时，这也是培养孩子良好的学习情绪的一个重要方法。

在与孩子一起学习时，尽量把自己也当成一个学生来看，你是与孩子一起学习知识，而不是去监督孩子学习的。这一点非常重要，如果处理不好，往往会使孩子对学习感到厌倦，而且也会影响对父母的感情。

学习的时候和孩子在一起，游戏的时候也要和孩子在一起。因为，游戏能够引起孩子对未知世界进行探索的愿望，并且，在进行探索的过程中，他们的观察能力、注意力、记忆力、想象力、思维能力以及语言表达能力等综合能力都能够得到发展。因为，丰富的游戏环境，以及种类繁多的游戏材料，都是促使孩子运用多种感官的外在条件。有了这些条件，然后在父母的正确引导下，孩子的感知能力就能够得到合理的发展。在游戏过程中，孩子可以接触到各种事物，接受各种感官的刺激，孩子会产生强烈的求知欲望。这对于培养孩子的学习兴趣、培养孩子的学习能力来说是一个良好的基础。游戏能够训练孩子的思维能力和语言表达能力，当孩子在做游戏时，父母要让他们多动脑筋、积极思考。同时，游戏还能够充分启发孩子参加活动的主动性、积极性和创造性。

可以看出，游戏的种类很多，内容广泛、形式多样，是孩子发展智力的广阔天地。父母与孩子一起游戏是非常重要的一个环节。在教育比较发达的美国，与孩子一起游戏，已经成为父母们教育中的一项必要工作。

但许多父母都会认为：孩子自己会玩游戏，孩子喜欢怎么玩就让他怎么玩。于是，就对孩子的游戏漠不关心。甚至还有一些父母认为，孩子在游戏时会将房间搞得乱七八糟，因此他们非常反对孩子做游戏。父母应该明白，这样的做法对孩子的全面成长是非常不利的。克鲁普斯卡娅说："孩子在游戏中学习组织自己，学习研究生活。父母应该重视孩子的游戏，而且应该做相应的指导和帮助。"事实上，游戏是一种特殊的教育过程，对孩子来说，也是学习的方式之一。忽视或者阻止孩子游戏的做法，对孩子的教育的损失是很大的。

与孩子一起游戏，是素质教育的需求；当孩子的游戏玩伴，是每一个家长教育孩子必须做的一项工作。

一个成功的家长既可以和孩子一起学习，又可以和孩子一起游戏，他会和孩子一起进步，一起增长知识。这样的父母一定会教育出最棒的孩子。

孩子学习的积极性是需要激发的

很多父母都有这样的经历：对孩子说："来，我教你背一首唐诗吧。"孩子把头一扭就往一边走。这可怎么办呢？不少父母也有这样的经历：下雪了，天上飘着雪花，孩子对父母说："快来看，雪花在跟我玩呢。"吃苹果的时候，孩子对父母说："这里面放了糖，你知道吗？"

这些情况的发生给了父母以下启示。

1. 发挥孩子性情的作用

这给父母提供了一个重要的信息：孩子都是"性情中人"，他们认识事物的时候总是充满了情绪，事物在他们眼里都带有感情色彩。孩子为什么都喜欢童话故事，道理就在这里。只有让孩子接触感性的东西，他们才能更深切地感觉它，记忆它，理解它，才会对这些东西产生兴趣。在孩子的心目中，雪花是朋友、是玩伴。父母应该根据孩子的这个特点，充分调动孩子的情绪状态，把学习变成生动活泼的过程。

孩子都是情绪化的学习者，教育者不为他们制造一定的情感氛围，就无法激活他们的聪明才智。有些孩子在某个教师的班里很聪明，而到了另一位老师的班里就变傻了，可能奥妙就在这里。

有些父母教育孩子常常使用成人化的方法，就是因为不明白这一点，弄得孩子对学习缺乏积极性，反过来父母却又埋怨孩子又懒又笨……其实，有很多时候，又懒又笨的恰恰是父母自己。他们对孩子的心理一窍不通，又懒得去研究去学习，还自以为是把成人学习的模式强加给孩子，孩子不愿学习，又去责怪孩子。不客气地说，应该责怪的不是孩子，而是父母。

2. 孩子利用自己的经验来学习

孩子认识事物，一般都是以自己的经验为中介的，这是孩子情绪化的另一个特点。在孩子的心目中，任何事物都跟自己的经验有很直接的联系。孩子吃苹果感觉到了甜，他不认为甜是苹果本身所具有的，而认为是里面加了糖，这显然是孩子吃奶时加糖的生活经验的反映。

这种思维方式非常有趣，反映了孩子是以自我为中心的。根据孩子的这个特点，父母对他们进行知识教育的时候，一定要把有关的知识和他本人的生活体验联系起来，这样才便于孩子理解，否则就会出力不讨好。父母要想知道孩子的体验，就必须走进孩子的内心，用孩子的眼睛去看世界。这是很困难的一件事，而且很多父母，都不愿意去认真研究孩子的心理，但是这种事是不做不行的。

从以上两个方面的启示中，我们可以看出，让孩子能够喜欢学习，首先就要激发出他们的积极性，让他们在情绪化中学习，这样就会收到一种意想不到的效果。

让孩子的兴趣在家庭教育中得到培养

人的一生需要接受家庭教育、学校教育、社会教育，而家庭教育是教育的起点与奠基，父母是孩子的第一任老师，家庭是孩子的第一课堂，家庭教育对孩子具有十分重大的影响。家庭教育主要是教育孩子，那么家长教育孩子，主要教育什么呢？从总体来说，孩子成长发育的各个方面都是教育的内容，道德品质、智力发展、知识技能、身体健康、心理健康等，这些父母都必须不同程度地担负起教育责任，这是显而易见的。但是，在城市家庭中，高智商、高要求、多技艺和强训练的教养理念一统天下。"技多不压身"的古训在现代家庭中重新找到了强大的生长点。

在紧张繁忙的陪练中，父母以孩子学会某种技艺为标准，来衡量自身教育理念的行为效果，为了让孩子"学好"，生活上包办代替，学习上辛苦陪练，强行监督，而恰恰忽视了孩子个性的成长发育，忽视了孩子首先将成为一个公民的基本事实，偏离了教育培养全面素质的本意，使孩子的家庭教育失去了支点，该严格处却放松，该放松处却又严格。其实，对于孩子来说，兴趣是最好的教师，有了兴趣，孩子才会积极关注，主动思考，并自觉采取行动。因此，对于父母来说，在日常生活和学习中想方设法地培养孩子学习的兴趣，培养他向上的积极性，是一项重要的工作，可以说把这个工作做好了，就不用担心孩子今后的发展了。

那么，如何在家庭教育中培养孩子的学习兴趣呢？

1. 增强学习快感，培养直接兴趣

著名物理学家杨振宁曾说过，他不赞成有人说他是"刻苦"学习的，因为他在学习中从没感到"苦"，相反，体会到的是无穷的"乐"。学习如果能给孩子带来快乐，那么孩子一定会喜欢学习，年龄越小的孩子，学习兴趣越是以直接兴趣为主。例如：有的孩子喜欢画画，可能是他乐意用五彩的蜡笔在纸上涂抹，看着五彩的线条在纸上延伸、扩展，他的思维、想象也跟着任意遨游、旋转；也可能是老师经常表扬他，虽然他画得并不怎么样。那么，怎样才能使学习变为快乐的事呢？

首先，多表扬，少批评，要善于发现每个孩子的优点。有些父母开口闭口就是"这么简单的问题都不会，光知道玩"，本来是恨铁不成钢，却不知好钢已在批评中钝化了，日久天长，孩子总觉得自己很差，总有错，在学习中有压抑感，于是就厌恶学习。

其次，使孩子一开始就有成功的体验。父母要尽可能使孩子掌握好知识，一开始就让孩子学懂，这样既增强了孩子的自信心，又使他体验了学习的快乐。

最后，父母应该指导孩子读书。父母和孩子一起学习，当孩

子解答出难题后，与孩子分享快乐；当孩子不懂时，与孩子共同探讨，这也能让孩子觉得学习是件愉快的事情。另外，父母的情绪、学习的环境等也能影响孩子学习的情绪体验。

2. 明确学习目的，培养间接兴趣

优秀父母的经验证明：学习目的的教育应该联系孩子的思想和实际，坚持耐心细致的正面教育，通过生动形象、富有感染力的事例，采用多种多样的形式，把学习目的与生活目的联系起来，这样才可以收到良好的效果。例如，孩子对背外语单词不感兴趣，但对学好外语后可以用外语交流，参加各项外语活动等结果感兴趣，这种兴趣可以促使孩子去从事背单词的活动。所以家长们既要充分利用孩子的直接兴趣，激发其勤奋学习，更要通过学习目的教育来提高孩子的间接兴趣。兴趣在活动中的动力作用，已为不少心理学家所承认。瑞士儿童心理学家皮亚杰把兴趣说成是"能量的调节者"。孩子对学习有兴趣，就可以激起他对学习的积极性，推动他在学习中取得好成绩。

3. 利用孩子的好奇心，培养学习兴趣

孩子具有好奇、好问、好动的特点，父母应充分利用它来激发孩子的学习兴趣。有的孩子把闹钟拆开，有的孩子不停地问为什么。父母如果不了解孩子的特点把这些看成孩子的淘气、捣乱，对孩子采取批评、冷淡、不理睬的态度，这样就会损害孩子智慧幼芽的生长，挫伤他们求知的积极性。对孩子的提问要回答，如果不会则可以告诉他如何查询，或者弄明白后再告诉他。

父母要尊重、保护和正确引导孩子的好奇心。此外，在各种活动中培养孩子的好奇心也是很重要的。如让孩子参加各种兴趣班的活动小组或外出郊游、参加社会实践活动等。在活动中孩子通过发现问题，产生好奇心。有的父母认为自己的孩子学习劲头本来就不高，再参加兴趣小组会分散更多的精力，就不准他参加其他的活动，这种做法恰恰是放弃了引发孩子学习兴趣的好机会。

4. 创建有利于培养学习兴趣的外部环境

只有肥沃的土壤才能长出好庄稼，只有良好的家庭环境才可能培养出智力优秀、聪明活泼的孩子。首先，父母要以身作则，热爱学习。家长是孩子的第一任老师，身教重于言传。如果父母督促孩子要努力学习，而自己却常常通宵达旦地打麻将，那么孩子感兴趣的恐怕不是如何搞好学习，而是如何玩好牌，到时候，孩子学到的恐怕就不是科学知识而是玩牌窍门了。如果父母饭后捧一本书，伴一杯清茶，端坐书桌前伏案写作，孩子耳濡目染，也会经常看书、学习。

其次，多给孩子买一些有益的、适合孩子心理发展特点的书，一般而言，可以为孩子购置一些通俗的简化本的文学名著以及一些激发孩子想象力与创造力的书，比如童话、寓言、科幻小说等书。家中如果有很多书的话，就可以便于孩子翻阅，有利于让孩子对阅读产生兴趣。再者，给孩子一个安静的学习环境。孩子学习时父母不要一会儿送水果，一会儿与他说话，这样会打断孩子的思维。

最后让孩子多与爱学习的小朋友接触，受其影响，对学习产生兴趣。

用正确的态度对待成绩差的孩子

"望子成龙"可以说是每个家长的心愿。但是，在我们的现实生活中，由于各种各样的原因，还是有不少学习不好的学生，这就使得一些家长的"神童梦"破碎，思想悲观，从而粗暴地对待孩子，造成孩子心灵的扭曲、身心和学业上的恶性循环，后果堪忧。其实，成绩差的孩子更需要父母用心地去对待。

孩子学习成绩不好主要有以下几方面原因。

1. 孩子智力因素方面存在问题

孩子的成绩不好可能是孩子的智力发展滞后，感觉器官先天缺陷或后天损伤，大脑受到伤害等智力原因。另外孩子的思维大多都有具体、形象的特点，如果他们的抽象思维能力没有能及时地发展起来，赶不上教学内容的要求，在学一些抽象性、逻辑性知识的时候就会跟不上。孩子学习差，多半是这个原因。

2. 孩子非智力因素方面存在问题

孩子的成绩不好有可能是孩子的学习态度不端正，学习目的不明确，学习方法不得当，学习动机不强烈，学习习惯不合理等非智力原因。如果孩子年龄较小的话，性格、情绪方面对孩子的学习也有很大的影响。当孩子自制力较弱、理智感不强的时候和情绪高涨时成绩会直线上升，情绪低落时成绩则大大下降。性格外向的往往过高估计自己的学习能力，性格内向的则容易背上精神包袱。

3. 老师和家长的教育方式、方法方面存在问题

孩子的成绩不好可能和老师与家长的教育有关，比如教师水平有限、上课枯燥无味，让学生厌学；家长对孩子学习上的困难视而不见；或者随便训斥孩子；或者包办代替，不能正确地启发、帮助孩子。

4. 环境方面存在问题

孩子的成绩不好还可能是和环境有关，学校是孩子学习的主要场所，如果学校学风不好，设施、设备不完善，势必对孩子学习成绩造成影响；孩子在课余时间没有好的活动场所，没有丰富的活动内容，与社会上各种不良分子接触，受到社会上一些不良因素的影响，也会使成绩下降；在家庭中，家庭的结构、条件、气氛，家庭成员的素质等，都与孩子的成绩有密切关系。

由于孩子成绩差的原因是复杂的、多方面的，因此家长要抓住主要原因，比如帮助孩子树立好的学习目标和学习动机，教育孩子要有一个正确的学习态度，让孩子掌握正确的学习方法等。其中关键是对孩子既要理解宽容，又要严格要求。家长要积极主动地与学校老师联系，交换情况，共同磋商，找到好的方法。一

般来说，孩子学习成绩差，只是其发展过程中暂时的波折，只要家长重视，并加以适当的教育，是能改变这种状况的。

如果孩子的学习成绩不好的话，父母就有必要对自己进行一些心理调整，首先需要父母做的是放弃过高的期望，制定一个切实可行的、适合孩子实际能力的目标。

容易厌倦的孩子可以先让他学习 10 分钟、15 分钟，完成后好好表扬孩子一番，日后将时间逐渐拉长，当能完成 30 分钟后，1 小时也不再是高不可攀的目标了。最终目标可以很高，但暂时目标不宜过高，应该是孩子易于接受的，这样能不断地给孩子成就感和自信心。小的目标逐一实现，这种积累终将成为一座大山。

现在父母一般以孩子考试分数作为衡量孩子学业优劣的唯一标准，分数高者，父母十分高兴，给予各种奖励；分数低者，父母非打即骂，给予的则是各种处罚。但是，考试并不能证明学业的全部，父母不要两眼盯在分数上。只有对孩子的学业不佳有了正确的认识，父母才能避免粗暴地对待孩子。父母只有信任孩子，对孩子满怀期望，才能调动孩子的自尊心、自信心，孩子才能具有追求进步的内部动力。父母应该了解，学业不佳的孩子对他人的态度特别敏感，稍有不慎就会伤害他们的自尊心。父母可与学校老师联系，共同分析出孩子学业差的原因，并根据具体情况采取措施，帮助孩子进步。

04

习惯养成：
为孩子构建持续学习力

鼓励孩子每天写一点东西

1999 年初，上海《萌芽》杂志联合北京大学、复旦大学、南京大学、华东师范大学、南开大学、厦门大学、山东大学七所著名高校，举办了一次全国范围内的作文大赛，冠名为"新概念"，之后又举办了第二届、第三届。"新概念作文大赛获奖者"中有 21 位一等奖获得者被各知名学校破格录取，他们这些成就的取得都是日积月累的结果，与他们坚持每天写一点东西的习惯是分不开的。

用写作来表达自己的想法，是对孩子思想和语言背景的最终检验。

一个人如果想成为一位作家，就必须做到：懂得并能将信息和想法综合起来；组织出原始的陈述内容；找到正确的语句；将内容按顺序排列起来；这些想法要在头脑中保持足够长的时间，以便将它们写在纸上。孩子是否有能力完成这样复杂的练习取决于三个因素：对自己想法的理解，语言的表达，还有基本的写作技巧。

刚开始孩子们只能写一些自己的经验，再后来写一些想象中的故事、诗歌和"评注性的文章"。一个孩子如果不能轻松地口述一件事，往往在试图写下它时也会发生困难。学校里的教学是不可能弥补孩子成长环境中的语言缺陷的。

　　著名文学家、教育家叶圣陶有三个孩子，至善、至美和至诚，他们都小有名气。叶老对孩子的写作训练，对父母们能有所启示。

　　一天，吃罢晚饭，叶圣陶戴上老花镜，坐下来开始给孩子改文章。三个孩子各居桌子的一边，眼睛盯住父亲手里的笔尖儿，你一句，我一句，互相指责、争辩。父亲并不责怪他们，说是改文章，实际上是和孩子们商量着共同措辞，提炼思想。

　　叶圣陶给孩子改文章不像老师那样在文章上画画改改，而是边看边问：这儿多了些什么，少了些什么，能不能换一个比较恰当的词儿？把词儿调动一下，把句式改变一下，是不是好些？……遇到他不明白的地方，还要问孩子：原本是怎样想的，究竟想清楚了没有？为什么表达不出来？怎样才能把要说的意思说明白？有时候，父亲指出了可笑的谬误，孩子们就尽情地笑起来。每改完一段，父亲就朗诵一遍，看语气是否顺当，孩子们也就跟着父亲默诵。

　　父亲循循善诱，孩子们自奋其力，进步自然会很快。

　　那么，具体来说父母应怎样培养孩子每天动手写东西的习惯呢？主要应从三个方面着手。

1. 鼓励孩子积蓄写作条件

写作条件是培养写作能力的基础，包括以下几个方面。

（1）观察与区分

引导孩子注重观察，在观察中分辨出事物细节上的差别。观察内容可以是自然万物，包括所有孩子感兴趣的树、虫、鸟、天空、宇宙、星辰等；也可以是人情世故，如人的表情、人的语言、人的性格、人的内心世界等。这样有助于锻炼出孩子"能区分"的"明亮"的眼睛。

（2）引导孩子在体验中成长

体验是一种最好的学习，只有在体验中成长的孩子才有自己的切实体会，才能为写作提供一种鲜活的基本生活感受材料。父母应放手让孩子去尝试，去亲身经历。

（3）记录一些好句子

歌德说过，人每天起码要听首小歌，读首好诗，看幅好画，如有可能，说几句合情合理的话。要想使孩子的写作变得有品位，很有必要让他们记录背诵一些好句子，不要多，但要经常。

比如，"洁白的良心是一个温柔的枕头"，"在朋友身上，我找到第二个自己"，"黑夜给了我黑色的眼睛，我却用它寻找光明"，"高尚是高尚者的墓志铭，卑鄙是卑鄙者的通行证"，"风比马跑得快，但，马在风里跑"，等等，也包括大量脍炙人口的古诗、词、曲。可以给孩子准备一个精美的本子，随时把好的文字分门别类地记下来。

（4）规范孩子的语言

为了孩子，父母平时说话速度不要太快，发音用词尽量准确规范，因为父母的语言会对孩子产生潜移默化的影响。若父母说话经常颠三倒四，胡乱用词，词不达意，很难要求孩子不这样。

语言环境对孩子学习语言有着最直接最重要的影响。只要孩子的语言表达清楚准确，写作就有了良好的基础。

2. 鼓励孩子"每天写一点"

写作最忌讳的就是，正儿八经地坐在桌子前面，准备好纸笔，告诉自己"我要写作了"。写作贵在"自由自在"，所以提高写作能力的关键一步是每天写一点。

（1）想起来就写

写什么不作限制，让孩子自由发挥，想起来一件有趣的事情，或者想起来值得思考的事情，就立即写下来。当然对孩子来说，身边永远都带一个小本，可能开始的时候有些困难，但慢慢就会习惯。父母可以在床头、书桌、书包、厕所四个地方各放一支笔、一个小本。当然，这个小本应该精美一些。

（2）和孩子用书信沟通

写书信是一件很美妙的事情，如今大家都不太重视，实际上它是一项非常有意思的活动。与孩子用书信沟通也是维护良好亲子关系的一种新型"润滑剂"，而对于培养孩子的写作能力来说，也可起到以逸待劳的作用。

（3）鼓励孩子随时写下自己的想法

父母应鼓励孩子说出自己的想法，并及时把它记下来。孩子自己谈完想法，父母可以再做些提示。讨论时要尊重孩子自己的意愿，不要以大人的构思习惯，去套住孩子活跃的思维。哪怕你是一个作家，也不要这样做。

3. 与孩子一道展示写作成果

孩子的写作也需要积极的反馈和评价，所以每当孩子创作了好文字，一定要想办法展示出来，使孩子得到鼓励。

（1）评选好句子

对于孩子的习作，要客观地进行评估，但每一篇习作都应当有一些写得好，写得真实，甚至写得精彩的好句子，可以和孩子一道将好句子用彩笔画出来。然后和孩子讨论，为什么这些是好句子，当时是怎样想出来的。

（2）让孩子修改自己的作文

把孩子的写作成果保存起来，存够一定量的时候，和孩子一起选出一些当时认为写得比较好的文章，让孩子进行修改。这样孩子就能明显地看到自己的进步。

（3）必要时可以参加作文比赛

现在学校和社会经常举办学生作文比赛，如果条件允许，应当鼓励孩子积极报名参加。

对小学低年级学生来说，能把想说的意思写下来，就是一篇不差的作文了。

到三四年级以后，提高孩子的写作水平，主要兼顾两个方面：一是让孩子多读与其水平相适应的课外书籍，熟能生巧，看多了自然而然地会提高文字表达能力；二是常带孩子走出家门，让其能有更多的实际感受，以增加写作题材。

另外，父母在帮助孩子修改作文时，千万不要包办代替。切不可大笔一挥，又砍又添，最后不知是孩子的作文还是你的文章。每个孩子都有自己的想法，也不宜让他们整天读范文、写作技巧之类的书，因为那样只会使孩子成为另外一个"别人"。

劳逸结合才不会让孩子成为"病龙"

孩子需要学习的科目多，知识量大，如果不善于调节，一味增加压力，不仅学习的效率无法保证，还有可能给孩子带来意想不到的危害，甚至损害孩子的健康。劳逸结合的学习方式，要比单纯给脑子加压的学习效果好得多。

对孩子来说，休息很重要，选择合适的休息方法更重要。休息的方式有很多种。对学生来说，最有价值的一种，就是转移注意力。在充分放松的基础上，对一段时间以来掌握的知识做一次回顾。像放电影一样，把学过的知识点过一遍，再逐一编织进自己的知识网络中。这样的休息相当于复习，而且有助于知识的融会贯通。

还有一种休息，是在放松的状态下，查找自己的缺陷和不足。哪一部分自己感觉比较模糊，哪一门科目自己比较发怵，在休息时的第一感觉，往往都是最准的。这样的休息相当于做大量的自测题，在很短的时间内，就能迅速找到自己的问题所在，及时进行弥补。

当然，如果孩子实在过于疲劳，出现了思维不畅、反应迟钝等现象，那就需要彻底的放松。这种情况下，可以考虑让孩子做一些运动。

运动是一种积极的休息方式。运动时，运动中枢兴奋，可快速抑制思维中枢，使其得到积极的休息，有助于提高学习效率。经常参加运动锻炼的孩子，在智力和反应方面明显高于未参加锻炼或极少参加运动的孩子。

要培养孩子劳逸结合的习惯，父母应该注意哪些问题呢？

1. 注意孩子的精神状态

当父母发现孩子出现走神、精力不集中、疲劳等状况，最好叫他立刻放下课本，休息一会儿。这样，既能让孩子觉得父母关心自己，又有助于加强孩子的上进心，休息之后用更大的努力投入到学习中去，效率一定会更好。

2. 休息时和孩子交流

休息时和孩子交流，查找孩子存在的问题。孩子休息时，父母可以用和缓的态度陪孩子闲聊，问他新学了什么，哪些有意思，哪些兴趣差一些。孩子兴趣差的地方，往往就会成为学习中的漏洞，需要有针对性地进行弥补。可以和孩子共同讨论用什么方式，来保证这些内容不拉学习的后腿。

3. 在休息时鼓励孩子

孩子休息时，常常会有心理压力，认为自己在耽误学习的时间，自己笨，越想心理负担就越重。这时，父母的鼓励会让孩子重新拾起自信，恢复得更快，以更好的状态投入到学习中去。鼓励的方法，通常是引导孩子发现自己的优点，让孩子知道，他在父母眼中永远是最棒的。

4. 每天陪孩子锻炼

孩子用脑强度大，需要适当运动量。父母可以和孩子约定，每天学习疲倦后，和父母一起去跑跑步，或做一些别的锻炼。共同锻炼的过程，既有助于孩子的放松、增强孩子的体质，也能增进双方的感情，更能帮助父母了解孩子的真实想法。最好不要把时间规定得太死，孩子什么时候需要休息，父母就什么时候陪他锻炼。

5. 用乐观的态度，帮孩子调节情绪

孩子的学习压力大，负担沉重，尤其需要父母来帮助他调节情绪。休息时，父母可以用乐观的态度，聊一些轻松愉快的话题。一定要从态度中体现出父母真心希望孩子快乐。只要每天多一点温暖和快乐，就足以支撑孩子走过艰难的书山学海。

虽说体育锻炼对孩子养成劳逸结合的习惯很有益，但有一些孩子却不爱锻炼身体，原因主要有以下几点。

1. 孩子的意志力薄弱，不能持之以恒

许多孩子自小就被宠爱，做事往往三天打鱼，两天晒网，缺乏持之以恒的意志力。锻炼身体实际上是很艰苦的，它不仅要劳其筋骨，而且要苦其心志。因此，孩子总是会为自己寻找客观的理由，躲避身体锻炼之苦、之累。

2. 家长的坏习惯影响了孩子

随着现代生活节奏的加快，许多成人没有余暇锻炼身体。资

料表明，25 ~ 39 岁参加体育锻炼的人比例最小，在此年龄段，

45.5% 的男性和 39.6% 的女性借口工作太忙不参加体育锻炼。孩子的家长大多数处在这个年龄段，孩子很容易把父母的生活习惯当成自己效仿的对象。

3. 孩子们的锻炼兴趣不能实现

有一些孩子，实际上是有锻炼身体的兴趣和想法的，比如说有的孩子喜欢踢足球，有的孩子喜欢游泳，有的孩子喜欢武术。一些家长却把自己的兴趣爱好强加给孩子，孩子锻炼身体的良好愿望一旦被压制，他明明喜欢锻炼身体，也会故意不锻炼。

4. 锻炼的空间和外部环境不具备

许多学校学生人数众多，操场总是人满为患，有限的锻炼空间使一些孩子望操场而兴叹。

那么，怎样纠正孩子不爱锻炼身体的习惯呢？父母要从以下几个方面抓起。

1. 培养孩子持之以恒的意志力

在对待那些有浓厚的锻炼兴趣，但意志力不够坚强的孩子时，父母应多鼓励，制订锻炼计划，并适当地创造奖励条件，以巩固强化孩子的兴趣。有的时候甚至可以采用一些惩罚的措施，从而纠正孩子不爱锻炼的坏习惯。

2. 要从小培养孩子锻炼身体的兴趣

兴趣是人从事任何事情的基本动力。作为家长，不妨观察一下孩子对什么样的体育活动较为感兴趣，然后不动声色地提供一

些条件及时加以引导。有了条件和父母的支持，孩子自然会积极主动地去参加体育锻炼。

3. 根据孩子的年龄和体质教给孩子锻炼身体的正确方法

人的智力发展有一个最近发展区，身体素质同样也有一个"敏感教育期"。青少年时期是人体素质发展最关键的时期，这个黄金时期不容错过，否则将贻误终身。父母一定要了解一些基本的体育常识和生理常识，根据孩子的年龄特征和体质状况，合理分配锻炼时间，掌握锻炼技巧，切不可因噎废食或锻炼过度。

提高孩子的学习效率

孩子们学习成绩的好坏，差别并不在于学习时间的长短，而在于学习效率的高低。作业拖沓，学习效率不高，反映的不仅是一个孩子的性格问题，更重要的是孩子对学习的态度问题。没有积极主动的学习态度，是不可能有高效率的学习效果的。

很多孩子都为每天大堆大堆的作业感到头痛。如果作业拖沓，那就更糟了。整天都在应付作业，玩的时间被挤掉了，生活、学习变得十分劳累。所以，在提倡给孩子"减负"的同时，父母也应注意培养孩子高效率学习的习惯。

学习的目的是掌握和熟练运用知识，一切学习方法都是为这个目的服务的。从这个角度衡量，现有的课堂教学方式并不是效率最高的做法。

其中很明显的一点原因是，孩子和老师的感情联系，通常不像和父母那样强烈。孩子在课堂上的注意力，也不会像在家里那么集中。这就说明，由父母进行亲子教学，在效率上要比孩子上课听讲更高。

学习的另一个目的，是让孩子掌握自学的能力。从自学的角度衡量，以大多数孩子的理解能力和智力水平，完全可以自行阅读教科书和参考书。而且这是一个连贯的思维过程，是一种智力上的探索，不会被外界因素所干扰。与课堂教学相比，效果只会更好，效率只会更高。

琳琳的暑假作业中，出现了正方体和长方体方面的题目，这是六年级的内容，妈妈为了激发她的学习兴趣，先卖了个关子，对她说："等六年级再说吧，其实 20 分钟就能学会。"孩子一听，兴趣来了，说："妈妈，你不是说笨鸟先飞吗？就让我当一回笨鸟吧。"

就这样，妈妈和琳琳一起分析长方体的表面积，琳琳自己很快就总结出了定理。妈妈再把参考书翻开，上面明确说这一段需要 5 个课时，而她们只花了几分钟，而且琳琳总结出的东西，与书中仅有个别文字上的差异。这使琳琳大受鼓舞。

能像这位妈妈那样，引导孩子在轻松、愉快中学习，只要能长期坚持下去，奇迹终究会出现。这个例子恰恰证实了自学和亲子教育在提高孩子学习效率方面有着怎样强大的威力。

父母在明确孩子学习效率方面的基础上，还应认真分析造成孩子学习效率不高的原因在哪里。通常情况下，造成孩子学习效率不高的原因大致有以下几种：性子慢，做什么都快不起来；学习时精力不集中，边写边玩；对学习缺乏兴趣，做作业的积极性不高。

第一种情况很复杂，且不好解决，必要时需找心理医生给予治疗。后面两种情况，父母则完全可以通过以下这些方法对孩子进行教育和帮助，让孩子改掉坏习惯。

1. 从生活中的事情入手

一般来说，做作业慢、学习效率不高的孩子，其他活动也较慢。因此，应该从各方面来提高速度。首先可从穿衣吃饭做起。晚上睡觉前，将衣服按次序放在顺手的地方，早晨起床穿衣时可节省时间，还能使穿衣服的速度加快。吃饭时不要过多说话，也不要边吃边看电视。平时做事情时，不断对自己说："再快一点，好吗？"长期坚持，就能养成良好的习惯。

2. 教孩子做作业要定时定量

如果以前孩子做五道数学题要用 20 分钟。那么，教孩子从现在起，努力做到完成同样的作业量只用 18 分钟。开始时，不要把目标定得太高，循序渐进，慢慢提高。这样做也可以培养学习兴趣，提高做作业的积极性。

3. 教孩子养成专心致志的习惯

教孩子开始做作业前，要把书桌整理好，把没用的东西放过去，把有用的书本和文具放在伸手拿得到的地方。一旦开始做作业，就要平心静气，专心致志，尽力排除一切干扰和杂念。

4. 亲自给孩子讲解

对于那些孩子不易掌握、容易错的内容，父母可以先自学一遍，再给孩子讲解。这既可以加深孩子的理解，又能帮助父母掌握孩子的情况，还能在双方的讨论中，促使新知识和老知识融会贯通在一起。

5. 与孩子并肩作战

一次"卡壳"，不仅当时会耽误孩子的时间，事后也能降低孩子的信心和学习效率。当孩子挠头的时候，父母应该立刻过去，陪他一起分析和解决问题。这能增强孩子战胜困难的信心，提高学习效率。

6. 培养孩子的自学能力

父母应该鼓励孩子自学，对于难以理解的知识，通过工具书和网络来查找相关资料。自学能使孩子越学越爱学，而且效率更高，知识掌握得更全面，并且相关知识都能连成一个有机整体。

7. 帮孩子树立远大目标

父母可以经常和孩子谈论未来，帮孩子找到自己的长远目标，这就能让孩子真正懂得今天的学习是为了什么，从而增强上进心，提高学习效率。

8. 效率是为了轻松

父母应该跟孩子说明，提高效率会让学习变得更轻松，效果会更好。这能改变孩子的习惯想法，不再认为学习就应该是苦事，从而消除抵触情绪，提高效率。

9. 从学习中寻找乐趣

乐趣会让学习的效率更高，所以，可以让孩子从学习中寻找乐趣。这样，孩子就会注意到原来没有发现的有趣之处，对知识会记得更牢。

10. 给孩子精神奖励

每次做作业，孩子速度有所提高，就要表扬孩子。让孩子清楚地看到自己的进步，起到自我鼓励的作用。

培养孩子珍惜时间的好习惯

爱因斯坦说过："人的差异产生在业余时间。"达尔文也说过："我从来不认为半小时是我微不足道的很小的一段时间。"从这两句话里，我们可以看出伟人们往往都是运用时间的能手，也能看出他们是多么重视时间，珍惜时间。

惜时是成功的秘诀。有的孩子平时做作业磨磨蹭蹭，边做边玩边听音乐，1 小时就能做完的作业结果做了 3 小时还没做完。这很容易使孩子养成动作慢、注意力不集中的坏习惯，浪费时间和精力。

"一寸光阴一寸金，寸金难买寸光阴"，从小培养孩子的时间意识，使孩子懂得珍惜时间，学会管理时间，成为时间的真正主人，对孩子的成长可谓大有裨益。作为父母应该重视培养孩子安排时间和运用时间的能力。

教育孩子珍惜时间不是一件容易的事。因为年幼的孩子还不能真正理解时间是怎么回事，更不懂得生命对于自己只能有一次。一般要到少年期，抽象思维比较发达，自我意识逐渐成熟时，孩子才能逐渐明白时间的无限性和人的生命的有限性。但是我们不能消极地等孩子到了少年期才对其进行惜时教育，而必须从小就培养孩子珍惜时间的好习惯。因为"开窍"表面看来是突然发生的，其实对生命的热爱，对效率的体会，对无限和有限的理解，都有一个量变到质变的过程，没有早期的充分准备，就不会有"开窍"的到来；何况爱惜时间还有一个养成习惯的问题，习惯的养成并不是和理解和认识的程度完全相对应的。

我们建议父母培养孩子珍惜时间的好习惯从以下几个方面做起。

1. 教育孩子树立时间观念，增强时间意识

父母要教育孩子要充分利用每一分钟，要让他懂得讲究效率，时间会相对变长；而不讲效率，时间则会相对地变短的道理。

有的事情是硬任务，必须在某个时间内完成，父母甚至可以建议孩子采取"倒计时"的方法来安排时间。例如，在一个月内必须完成的事情，算算还有多少天，自己就要规定每一天要及

时补上。如果不能按时完成，错过了机会，就会前功尽弃，十分可惜。

父母还可以用别人珍惜时间的事例来教育孩子，从而使孩子认识到时间的价值。

如爱迪生为人类做出了一万多项发明，他为了做实验，甚至在新婚之夜忘记了新娘和前来祝贺的客人。

又如，居里夫人为了节约时间，每天只在实验室里啃几片面包。鲁迅先生更是惜时如命，他把随意占用浪费他人时间的行为视为"谋财害命"……通过这些事例，孩子就会逐步认识到珍惜时间的重要性，逐步树立时间观念，增强时间意识，从而在学习、生活中养成珍惜时间的习惯。

2. 教育孩子学会集中精力做事

有的孩子，做事情时三心二意，甚至边玩边干，这是最浪费时间的。父母应教育孩子明白，做事就做事，玩就是玩，而且事情要一件一件地做，不可一心二用，为此，父母要指导孩子养成做事有头有尾，善始善终的习惯。比如打扫卫生，就要在规定的时间内把房间里的每件东西都摆放在合适的位置。然后清扫地面、擦抹桌凳，也不能忘记倒掉垃圾。房间没清扫完毕，不能停下来玩或干别的事情。

一件事情做好了，父母要对孩子进行表扬，强化他的行为习惯；如果没做好，就要批评或让他重做。至于由于孩子效率提高，提前完成任务而节约下来的时间，则应由孩子自己去支配，以示"奖励"。

居里夫人就是这样对待孩子的。布置任务时她总是告诉女儿："干完了你随便玩。"这样，不但有利于调动孩子完成任务的积极性，而且有利于培养孩子在规定时间内集中精力做好一件事的习惯。

3. 让孩子意识到浪费时间是要吃苦头的

现在很多孩子做事磨蹭拖拉，不珍惜时间，这些毛病与父母的娇惯有很大的关系。如，爱睡懒觉的孩子大多是作息时间安排不合理，早晨叫一遍不醒，叫两遍不起，最后实在没办法了才起来，但一看表，时间已经不早了，于是家长急忙帮着穿衣，准备书包，甚至连早饭都来不及吃就上学去了。实际上，家长这样做，非但不利于培养孩子的时间观念，反而会助长孩子依赖家长的懒惰习惯。

其实，家长可以这样实验一下：在孩子的床头放一个小闹钟，并向孩子申明："以后爸爸妈妈不再来催你起床了，早晨闹钟响，就自己起床。假如起床晚了，就没有时间吃早饭；假如拖拉的时间多了，就会上学迟到，就会受到老师的批评。"如果孩子能按父母的要求做，那么，他就会逐步养成按时起床的习惯；否则，就会因睡懒觉，不按时起床而受到"惩罚"——吃不上早饭、迟到、受批评。一旦孩子品尝到耽误时间的苦果，心里自然会不舒服，自然会吸取教育，今后重犯的可能性就少了。

这种教育方法被教育专家称作"自然后果惩罚"法。当然，在特殊情况下，如考试或有重要活动时，家长还应该帮助孩子，除用闹钟外，再及时催促孩子按时起床。

4. 帮助孩子学会合理安排时间

父母要注意观察孩子平时是怎样利用时间的，表扬其合理利用时间，批评其浪费时间，并给孩子提出合理安排时间的建议。如一个星期看几次电视，读几篇文学作品，以及每天晚上先做作业还是先整理自己的房间，使孩子体验巧用时间之妙。

说到巧妙利用时间，父母还可以从以下几个方面培养孩子。

（1）精力最充沛的时间，干最费精力、最重要的事

教孩子在脑力、体力都是最充沛的时候，选择最重要，又是最费脑力和体力的事情；体力差时，做些费脑力的事情，脑子疲劳时，选择专用体力的活，这时反而能使脑子得到休息。

（2）用整块时间干大事，打歼灭战

有些事情，最好是用一整块时间，一气呵成，才能干出个结果。比如计算一道复杂的数学题，每天想一会儿，又去做别的事，第二天又得从头开始想，因为昨天的思路已经忘记了。遇到类似的事情，告诉孩子，只有集中时间，专心致志，打个歼灭战，往往会得到事半功倍的效果。

（3）专门抽出时间，整批解决零散问题

对一些零散的小问题，急于拿出时间去完成，往往容易打乱别的事情，但是如果总是不做，也会误事。解决的办法是来个零存整取，把零散的问题留下来，专门有一个时间，来整批解决这

些零散问题，来个快刀斩乱麻。

父母们值得注意的是，培养孩子珍惜时间的好习惯，并不是要孩子牺牲必需的休息时间让孩子去学习，而是尽量让孩子做到不浪费时间、不虚度光阴。有时，我们还必须告诉孩子：为了明天有效，今晚要睡个好觉。

有很多事情，根本不是一口气就能做完的，它往往需要孩子艰苦奋斗很长时间，在这种情况下，就要提醒孩子，不要犯性急的毛病。为了明天做事更有效，今晚就要睡好觉，以饱满的精神迎接第二天。

当然，父母可以帮助孩子制定一个合理的作息时间表，要求孩子按作息时间表学习、生活、游戏。开始时，也许孩子不能严格遵守作息时间的规定，父母可以帮助督促他逐步适应，直到最后自觉遵守。

孩子按计划做事就不会手忙脚乱了

做事有计划不仅是一种习惯，更重要的是它能反映一个人做事的态度，是能否取得成就的重要因素。对于孩子来说，做事有计划同样是非常重要的。

许多孩子在早晨起床后都找不到袜子、学习用品或者生活用品，这便是由做事缺乏计划性和条理性引起的。做事情缺乏条理、没有计划是儿童时期的一种自然反应，但是，如果父母不注意引导，孩子们往往就会养成不良的习惯，从而麻烦不断。

做事有计划可以帮助孩子处理事情时不至于手忙脚乱。做事没有条理的人，将无法很好地料理自己的生活，也无法很好地进行学习和工作。在走向成功的道路上，做事没有条理、没有计划的孩子将会比其他人走得更辛苦。

那么，怎样培养孩子做事有计划的好习惯呢？

1. 让孩子做事有条理

在日常生活中，不管做什么，父母都要让孩子做得有条有理。例如，房间摆设井然有序，用过的东西放回原处，以免需要的时候找不到；晚上睡觉之前，整理好书包、准备好第二天要穿的衣服等。这些都可以帮助孩子养成做事有条理的好习惯。

当然，让孩子养成做事有条理的习惯不是一朝一夕的事，需要父母的耐心和恒心，还要善于抓住教育的契机进行适时引导。

2. 引导孩子向做事有条理的人学习

许多孩子做事没有条理，当父母跟他强调需要有条理地做事时，他往往无法接受父母的意见。事实上，孩子需要有个榜样来引导。

琳琳已经上小学二年级了，却经常乱放东西，把房间弄得一团糟。为此，妈妈非常苦恼。

有一次，琳琳的妈妈跟同事说起了这件事情。同事对琳琳的妈妈说："我女儿婉儿以前也是这样，有一次，我家里来了个小客人，她做事非常有条理，每次都帮助我女儿整理东西，教她怎么整理自己的房间和东西，结果，我女儿现在做事也很有条理。要不，你带你女儿到我家住两天，让我女儿教教你女儿好了。"

于是，妈妈就把琳琳带到了同事家。两个女孩玩得很高兴，一起玩拼图、玩棋类游戏等。两人玩得差不多了，婉儿便很自觉地收拾东西，并放回了原来的地方。琳琳看着婉儿收拾，也帮忙收拾。第二天，琳琳学会了主动去收拾东西。琳琳从婉儿家回来后，就把自己的房间整理得干干净净，再也不会乱放东西了。

3. 教孩子做计划

要让孩子做事有计划，父母可以向孩子示范自己的计划。即把自己的计划告诉孩子，并且征求孩子的意见，让孩子帮着计划。比如，在周末的清晨，可以这样对孩子说："今天我想好好安排我们的生活，吃完早饭后，我们到公园去看花展，然后回来吃午饭，午饭后你小睡一会儿，一点钟我们去少年宫学画画，三点我带你去海洋馆，回来后，你要写一篇一天的见闻，你觉得这样安排好不好？"

这种示范不仅可以帮助孩子理解计划的重要性，而且，他能够学着去安排自己的事情。

如果孩子对父母的计划提出了疑问或者孩子有了计划的意识，那么，父母就可以让孩子来安排、计划一下了。如果孩子安排得合理，就按照孩子的安排去做。如果安排得不合理，就要跟孩子讲清楚为什么不合理。

这种实践性的锻炼最能培养孩子做事有计划的习惯。对于孩子自己的事情，父母更应该让孩子自己来安排和计划，这样孩子能够更好地遵守自己的计划。

有一位聪明的家长，发现孩子在学习弹琴的时候总是没有计划，刚想弹琴，不一会儿又去看动画片了。有一天，家长对孩子说："你每天得弹半小时的钢琴，刚回家的时候弹也行，吃完晚饭弹也行，但是，弹的时候你不能半途而废，一定要弹足半小时。"孩子考虑了一下，因为晚饭前有一个他喜欢看的动画片要播放，于是他选择了吃完晚饭再弹。结果，他确定自己的计划后，就一直执行得非常好。

德国人非常注意做事的计划性，在子女教育问题上，他们也是十分注重引导孩子做事讲究计划。

如果一个孩子对爸爸说："爸爸，我周末想去郊游。"他的爸爸不会直接说"好"或者"不好"。他会问孩子："你的计划呢？你想跟谁一起去？到什么地方去？怎么去？要带什么东西去？"如果孩子说："我还没想好。"爸爸就会对他说："没想好的事情就不要说。如果你要去，就要先做计划。"这样，德国孩子做事一般都比较严谨，做事之前往往会有周密的计划。

当孩子提出某项请求时，父母可以问孩子："你的计划呢？"当你的孩子逐步习惯了在行动之前做计划后，他就会养成先计划后办事的好习惯。作为父母，你可以耐心地与孩子讨论他的计划，并使计划趋于可行，那么，孩子也就悄悄地养成了良好的习惯。

4. 让孩子按计划办事

在日常生活和学习中，父母要向孩子强调计划的重要性，并给孩子的各项行为制订一些计划。当然，制订这些计划的时候应该让孩子参与进来。计划制订了以后，孩子必须按计划办事，不能半途而废。

明明做事非常磨蹭，本来没有多少作业，却非要拖到很晚，熬得家长又气又急。

有一次，妈妈想了一个办法。她跟明明约定，做作业的时间只有半小时。然后，妈妈把闹钟上好，同时，明明开始做作业。半小时一到，闹钟就响起来，明明还差两道题目没做完。明明向妈妈投来求助的眼神，但是，妈妈毫不犹豫地说："时间到了，你不要做了，睡觉吧。"

第二天，妈妈把明明没做完作业的原因告诉了老师，老师也支持妈妈的方法。这天晚上，妈妈又上好了闹钟，明明一开始做作业就很抓紧时间，效率明显提高，居然顺利地在半小时内做完了作业。

从这以后，明明做作业的速度和质量都提高了。而且，做其他事情的时候，他都会有意识地给自己设定一个时限，有计划地去做了。

5. 教孩子按规律做事

引导孩子计划周密，学会有条理、有理智地生活，都离不开科学的态度。也就是说，要遵循客观规律，而不能冲动蛮干乱计划。

一位改掉了儿子做事丢三落四坏习惯的爸爸说："一次，我发现儿子又忘戴红领巾了，为了让孩子尝尝丢三落四的后果，养成良好的习惯，这次，我没有给他送红领巾。儿子放学回来沮丧地说，因为他没戴红领巾，他们班被扣了一分，同学们都责怪他。于是，我趁热打铁说：'以后你一定要把该带的东西整理好！'儿子若有所悟地点点头。从这以后，儿子做完作业总是认真地收拾书包，嘴里还念念有词：'钢笔、尺子、语文书、默写本、文具盒、红领巾……'做事有条理多了。"

培养孩子成功的习惯

成长绝非依赖于金钱，也非靠父母的溺爱。那么怎样才能使自己的孩子在学校成为优等生呢？以下 6 种方式也许能够启发我们的父母。

1. 父母的导向作用

17 岁的比斯马克亲身体验了其移民父母在美国为养家糊口的艰辛。其父是厄瓜多尔人，在美国建立了自己的房地产公司，母亲是一位工作人员。有一年，全部家产被一把大火烧光，但他的父母在极其艰难的环境中又站了起来。由此，年幼的比斯马克懂得了执着追求的价值。"那时，我父母每天都像消防员似的，生活很紧张。多年来，他们领着我就像在飞机的跑道上飞奔一样。"

比斯马克在美国纪瓦克的科学中学读书，他是该校的尖子生，在数学和化学方面初露锋芒。他帮父母的单位解决计算机难题，母亲付他每小时15美元的工钱，他当然不需要自己挣钱上大学，因为他已靠自己的优异成绩获得了纽约综合工艺学院4万美元的奖学金。

孩子怎样才能学会呢？很简单，榜样是孩子的父母，其一言一行都直接影响着孩子的成长，虽然许多专家不同意这个观点，可是尖子生的父母是他们一生的榜样，这点却是确定无疑的。

2.培养孩子的学习兴趣

安杰力克曾被预言不会成为一个好学生，因为她出生10个月后生了一场大病。医生警告说，孩子大脑可能因此受到影响而成为低能，然而孩子却拒绝"接受"这一预言。当她蹒跚学步时，父母就发现孩子求知欲望异常强烈。如果你能抓住这一时机并培养其兴趣所在，那么其才能就会一发而不可收；如果你有意要关闭她心灵的窗扉，那么她就可能永远丢掉求知的欲望。安杰力克的父母抓住了这一机会。如今，17岁的安杰力克是学生会主席，校女子乐队队长。她思维敏捷活跃，口才极具魅力。

安杰力克的家境不很好，但是家长教孩子的方法很独特。她教女儿时不是照本宣科，而是用实物。例如教"苹果"这个词，她拿出一个苹果放在桌子前，然后把它切开做成苹果汁，女儿由"苹果"一词举一反三学会了其他词。

专家认为，好学生应该具有广泛的兴趣，如果家庭限制其兴趣的发展，那么孩子的成才就会受到严重影响。

3. 体现阅读的魅力

在美国威奇托的罗宾孙中学，有一个 12 岁叫泰勒·艾默森的学生。老师鲁拉发现，泰勒提出的所有问题都非常深刻，并且间或有许多设想。原来，泰勒强烈的求知欲来自他家中堆积如山的图书。全家人都是图书爱好者。泰勒刚满 15 个月，父母就轮流给他读书，让他听，并且父母经常在他面前讨论问题。

当父母问及怎样才能尽快让孩子养成学习的习惯时，麻省威廉学院的主任说，世界上最好的方法是在孩子上床睡觉前给他朗读故事。因为给孩子读书是培养他们求知欲的最好方法。久而久之，他就自然养育成阅读的习惯了。父母只要坚持下去，那么总有一天他们会发现，孩子不再要他们给自己读书了，取而代之的是他自己拿起书本读起来。许多作家的启蒙就是从父母给他们朗读图书开始的。

4. 懂得分数不是一切

不可否认，尖子生的学习成绩在班上具有竞争力，但是好的学习成绩不是衡量尖子生的唯一标准。

乔东之所以成为学校的明星，不在于他的成绩很突出，而是他的勤劳和求知欲。

17 岁的乔东钢琴过了十级，他的画还到国外展出过。一位化学老师说得好，学生间展开学习竞赛往往是一种失策，更糟糕的是学校的竞争有时延伸到了家庭。竞争往往使学生冷酷、自私、狭隘，而乔东却不这样，他在实验室做完自己的实验后马上帮助其他同学。一些同学期盼着老师给自己满分，而乔东想的是用自己的能力赢得一个满分。乔东的论文完成后获得了老师的认可，但是他却把论文重新写了一遍，目的只是想做得更好。这说明，他的学习不是为了成绩而是为了提高自身的能力。

教育专家认为，当父母和老师强调成绩时，孩子的素质就容易下降。哥伦比亚大学的专家曾对 400 名小学五年级的学生做过一项调查，发现常受表扬的学生往往不愿意冒犯错误的风险，不愿做新的尝试，也不愿意靠努力获得成绩。这样，孩子不知不觉地失去了学习的自觉性和自信心。阿尔费·科恩是美国最有权威的教育专家之一，他在《奖励的负面》一书中强调，不恰当的奖励往往扼杀了孩子的学习热情，取而代之是滋生了他们的优越感。

给父母的忠告是，不要问孩子在学校怎样，而应多问他们学了些什么。如果有时间，可多花几分钟与孩子交谈，帮助他们忘记分数。

5. 培养孩子的求知欲

和许多孩子一样，志强从小就爱汽车，特别是小车。随着年龄的增长他对汽车的痴迷日趋强烈。9 岁时他就自己去参加芝加哥举办的汽车展，13 岁时就收集了世界所有赛车的图片和赛车期刊。志强的父母担心孩子对汽车着迷会影响他的成长，但他们很快发现儿子成了荐车专家，志强居然开始为家庭购车者推荐起汽车来。

的确，孩子的兴趣和爱好是非常宝贵的，从兴趣入手，培养他们某方面的爱好是非常必要的，这对孩子很有利。志强在学校成绩不算最好，也不很差，但是还没等中学毕业，他就成了汽车鉴赏家、推荐家，这就是一个典型的例子。

6. 培养孩子正确的爱好

17岁的雨瑶放学后把自己做的一棵塑料树搬回了家。家长看见后很高兴："你做的树真漂亮！"做手工艺品是雨瑶的爱好，她在这方面很有才能。

雨瑶的父亲是位心理学教授，但是无论何时，夫妇俩都要轮流陪女儿进行创造性的劳动。有一天，女儿没有人陪伴，妻子上班了，于是父亲4点钟就回家与女儿共同制作手工艺品。有时候，孩子有了爱好但坚持下去却非常勉强，这时，父母就有必要鼓励孩子坚持下去。

人们相信，传统的好学生往往能获得传统的成功，但我们也反对千篇一律，同时也需要遵照应有的规律。比尔·盖茨不是个传统的好学生，爱迪生也不是传统的好学生，海明威更谈不上传统，但是他们却利用创造性的大脑为人类创造了巨额物质财富和精神财富，这是值得父母用心思考的。

培养孩子成功的习惯可以从以下一些方面着手。

1. 让孩子简单的事情重复做。

2. 让孩子每天进步一点点。

3. 对孩子要有信心和耐心。

4. 尊重孩子的想法，正确估计孩子的潜在能力，鼓励孩子多做积极的自我评价。

5. 不要与别人的孩子相比。

6. 教会孩子将快乐套在他喜欢的事情上。

7. 多示范，少指责。

8. 教孩子学会放松自己。可从教孩子深呼吸开始，让孩子体会到深呼吸的感觉，然后让孩子想象一件能使他全身处于放松状态的事情，一直到孩子心情完全平静为止。情绪安宁有助于孩子排除一切干扰，沉着镇静地面对挑战。

9. 训练孩子集中思想，全神贯注。

10. 教孩子在头脑中"排练"，预见生活中的各种场景。

11. 兰德公司的研究表明，当一所学校的校长、学生家长、老师、学生为共同的事业齐心协力，当学校的每一个人为了达到共同的教育目标承担责任时，学生则会更为成功。因此，为使你的孩子成功，请配合好学校的工作。

12. 要将成功的信念注入孩子的血液中。在美国的弗吉尼亚州诺福克市维拉德示范学校里，学生和教职员工们每天早上都要花时间背诵他们的誓言："我相信我能成为一个好学生。我相信我能取得成就。我相信如果我努力去做就会成功。因此，我每天都将尽自己的最大努力去进取。我有能力学习，我一定去学。"

要让孩子养成善于提问题的习惯

新学期开始，王老师决定在班级里进行开放式的实验，让同学们都参与到课堂中来。因此，老师的课常常是让同学们自己提问，然后再找出解决问题的方法。王老师的这种教学方法受到了大多数同学的欢迎，他们上课提问都非常积极。可王老师发现，从第一节课起，小丽就没有提过一个问题，原来小丽的成绩可以呀，难道她现在的成绩退步了吗？如果上课不积极参与，照这样下去，她会跟不上同学们的。

小丽的这种情况许多孩子也经常遇到。可能有的家长认为只要学习好就行了，会不会提问没有什么关系。其实，这种观点是错误的，学问，学问，要学也要问。很多东西问了才能长进，有的问题自己苦思冥想不得其解，可有时经别人轻轻地一点拨往往就豁然开朗了。因此，要培养孩子善于提问的好习惯。那么，为什么有的孩子不善于提问呢？

学校以往传统的教学方法是老师讲，学生听、记，课堂上对孩子们主动参与教学的要求不高，这种教学方法实际上对孩子们的发展是不利的，孩子们养成了不爱动脑筋的习惯，只要死记硬背，依葫芦画瓢就行了。目前，教育界已经认识到了这一点，正在进行教育改革，王老师的实验就是很好的尝试。孩子们从提出问题到解决问题的过程，充分调动了孩子的积极性，能使其更好地掌握知识，开动脑筋。有的孩子不善于提问是因为学习没有系统性，没有打好基础，跟不上班级教学的进度。他们可能什么都不懂，不知从何问起，理不出头绪，想提问，又不知道问什么。还有些孩子是因为不求甚解，不爱动脑筋，心想这些问题反正别的同学都会问到，只要注意听就行了，懒得提问。还有的同学因为胆小，不敢在同学们面前表达自己的思想，生怕自己提出的问题被老师和同学笑话，怕别人都懂就自己不明白，让别人觉得自己很笨。还有极少部分孩子讨厌学习，热情不高，干劲不足，上课如坐针毡，巴不得早点下课，根本没有考虑所提的问题。

作为家长，首先要做的是帮助孩子认识到自己不爱提问的原因，有的放矢，对症下药。对不敢问、懒得问的孩子，父母应给他们讲清楚善于提问对学习的好处，可以给孩子买一些名人传记，孩子会从这些书中发现，大凡学术上有成就的人都是在"问"上做出文章来的。如居里夫人、华罗庚、达尔文等。让孩子从思想上真正认识到只有敢问、善问，才能搞好学习，才能做成学问的道理。对于那些因为没打好基础，不会提问的孩子，家长可以帮助和鼓励他们从补习功课开始，学好基础知识，跟上班级教学的进度，鼓励孩子像班上善于提问的同学学习，解除思想顾虑，克服虚荣心，耐心地告诉孩子不会提问没有什么可笑，每个人提问都是因为自己不懂才问，学习本身是一个人不懂到懂的过程，不懂就问是好学的表现，只有把自己不懂的问题提出来后，才能得到老师的帮助，从而真正掌握知识。

对那些想问但又不知怎么问的孩子，家长应提醒他们注意掌握学习方法，善于去发现问题。如上课前做好预习工作，在不懂的地方做上记号，或者事先把不懂的问题写在纸上，在老师讲解的时候学会做笔记，勤动脑筋，学会问"为什么"。经过思考和查找资料都不能解决的问题，自以为找到了答案，但把握不大的问题以及那些对得出结果的过程不太明白的问题，都可以在课堂上向老师提出来。

对不爱学习，根本就没有考虑过怎么提问的孩子，父母不要过分责怪他，而应帮助孩子从培养学习兴趣开始，首先让孩子喜欢学习，树立起自己能够学好的自信心。

给孩子一个独立思考的空间

思考好比播种，行动好比果实，勤于播种，才能收获多多。只有善于独立思考的孩子，才能享受到积极动脑带来的丰收喜悦，并最终品尝到成功的琼浆玉液。

伟大的物理学家爱因斯坦说："学会独立思考和独立判断比获得知识更重要。不下决心培养思考习惯的人，便失去了生活的最大乐趣。"

有的父母把一切事情都安排得十分妥善周到，从来就没有什么事需要孩子自己去考虑，时间长了，孩子独立思考的能力就被扼杀得差不多了，更谈不上解决问题的能力了。父母要培养孩子独立思考的习惯，就必须给孩子创造一个思考的空间。

物理学家霍金曾讲过他自己大学期间的一件事。有一位老师口才极佳，课堂上旁征博引。但可惜的是，他讲得太深奥了，很多东西已超出当时同学们的接受能力。有同学抱怨说，自己一堂课能听懂一半就不错了，那位老师听说后，微微一笑道："如果我所讲的你们都明白，那我还上这堂课干什么呢？你们想让自己的大脑干些什么呢？"霍金深受启发。

只会被动接受而缺乏创造性思维是与当代素质教育的精神相违的。父母应该提醒孩子注意：在课堂学习中，老师所讲的、所灌输进他们大脑里的东西，永远都不是他们自己的东西，只有当他们主动思考、主动探索，把这些东西转化为自己的东西时，才算真正弄懂弄通了它们，并且在孩子独立思考的过程中，也定会"无心插柳柳成荫"，得到额外收获，达到举一反三的效果。这时，孩子就会有成就感、自信心，进而激活自己的思维。如此这般，才会做到良性循环。

获得知识的多少，取决于孩子根据自身经验与自我分析去获取有关知识的能力，而并非取决于其记忆和背诵教师讲授的内容以及书本上传递的内容的能力。

以教师为主体，强调"教"的传统教学方式，随着教学改革的深入，已渐渐让位于以学生为主体，强调"学"的教学方式。

一味被动接受的学生很难适应当前社会对人才素质的要求。

永远不要怀疑主动思考问题的"意义"。相信自己的思维能力，相信"尽信书，不如无书"。在审查中考试卷时，专家们发现了一件很有意思的事情。试卷中现代文阅读历来包括课内课文阅读与课外选文阅读。可老师讲过的课文阅读的得分率远远低于课外选文阅读的得分率，有时竟相差 20 个百分点。

通过向学生调查得知，他们做课内课文阅读时，绞尽脑汁地回想老师当时是怎么讲的，而无法展开自己的思考；而做课外选文阅读时，他们无所顾忌，放胆发挥。原来，被动接受很可能会为成功关上大门，而独立思考则会开启另一扇成功之窗。

我们一起来看看张肇牧的故事。肇牧十分喜欢做实验性的游戏，当听家长说要做有趣的实验游戏时，他非常高兴。与往常一样，由爸爸说，他动手。"肇牧，从你的玩具中，找出两个同样大的杯子，一个比杯子大的碗或者锅都行。"肇牧将三样东西拿来了。"爸爸，你看行吗？"爸爸满意地说："行。你用锅装些水来，并且将水分别倒进两

个杯子，要求两个杯子的水要一样多。"肇牧按示意进行。然后爸爸问他："你看两个杯子的水，是不是一样多呀？"肇牧左看看右瞧瞧，说："啊，是一样多。"

"你将一个杯子的水倒进锅里，你再看看，是锅里的水多，还是杯子的水多？"

谁知肇牧不假思索地给了爸爸满意的答复："一样多。"

"为什么？你看锅里的水这么少，杯子的水那么多，怎么是一样多呢？"

肇牧从容地说："爸爸你看，这是两个同样大的杯子，我倒进的是同样多的水，然后再把这个杯子里装的同样多的水倒进锅里，因为锅比杯子大，所以看起来锅里水像少些，其实它们一样多。"

谁能相信，这是一个年仅四岁的孩子能对液体容量守恒定律有如此肯定的回答，而且思维清晰，语言表达准确、完整。

上小学二年级的时候，数学课上开始学习直式运算。别的学生都能按老师的要求，从低位向高位运算，而肇牧却别出心裁地从高位到低位进行逆向运算。老师指出后，他竟一意孤行。家长问他时，他振振有词地说："从左边算到右边是我想出来的窍门。"

听他这么一说，家长意识到肇牧虽然违背了运算规律，却透露出一种萌芽状态的独创精神。

于是，家长在对他的"找窍门"给予充分肯定之后，循循善诱地告诉他，对自己周围的事物要多方位观察，对思维结果还需验证，验证的标准就是看它的实际效果。然后，家长与他一起分析逆向运算的弊端。最后，他口服心服地忍痛割"爱"了。正是由于举一反三的独立思考能力，培养了小肇牧的思维、判断和推理能力。

那么，父母如何培养孩子养成独立思考的习惯呢？我们给父母们提供了如下几点建议。

1. 留给孩子自己思考的余地

在与孩子相处或交谈中，父母要给孩子提出自己想法的机会。父母应经常以商量的口气与孩子进行讨论式的协商，留给孩子自己思考的余地。父母可根据交谈内容经常发问，如："这两者有什么关系"，"你觉得怎么做会更好"，"你的想法有什么根据"等问题，以引起孩子的思考。

2. 给孩子创造一个独立思考的氛围

这对孩子形成独特的个性，表现有创新意识的思维、举动很重要。父母不能因为孩子小，需要成人照顾而把他看成是成人的附属品。孩子也是一个完整、独立的个体，应该允许他有自己的世界，有自己的空间。

有句话说"什么样的父母教出什么样的子女"。因此，在父母努力启发孩子创造力的同时，不要忘了培养自己的创造力，使自己成为能欣赏孩子创造力，并能与孩子创造力互动的主力。因此，不必在孩子与孩子间制造竞争压力，也不必为了培育创造力，将家庭生活弄得紧张、沉重；更不必一反常态，变成严肃又过分认真的父母。

真正成功的创造力培养者，是能与孩子一起学习、一起成长的。他们能像挚友般倾听孩子的心声，了解孩子的举止；他们知道何时给孩子掌声，何时应扶孩子一把，他们没有命令，孩子没有压力。

3.培养孩子创造性思考的能力

鼓励孩子凡事多问几个为什么。父母要不厌其烦地给予正确回答。对孩子的提问努力表现出兴趣，与孩子一起去思考，去寻求未知的答案，孩子提出问题的欲望就会不断增强。

不要阻止孩子探索性的行为活动。如孩子为了看个究竟，拆卸了玩具和物品，大人不要生气、谴责。

倾听孩子有意义的"瞎说"，允许孩子有"稀奇古怪"的想法。如遇到交通堵塞的时候，孩子向父母描述他要造一种带翅膀的汽车，如何在天上飞过去时，父母也可在旁边"添油加醋"。

05 / 学科突破：
开启门门皆优的
学霸模式

怎样纠正孩子的偏科现象

很多孩子都有偏科的现象发生，从而导致部分的学科落后，父母要采取一些合理的措施帮孩子克服偏科的现象。

其实，产生偏科的原因分析起来主要还是与兴趣有关。课程内容有趣，教师的教学方法生动形象，孩子学起来觉得有意思，对这类课程就有兴趣、愿意学。相反，如果孩子觉得这门课程没有意思，孩子就可能会采取应付的态度。有的孩子对功课的学习兴趣，很大程度上受任课老师的教学能力和教学效果的影响。老师教得好，孩子就爱学；老师讲得平淡无味，孩子听起来就没劲，不愿意学，没兴趣，因而导致偏科。

有的孩子偏科与学习基础有关。孩子对某门功课有兴趣，是由于原来基础就不错，喜欢学，掌握起来就比较容易。对另一门功课，因为基础没打好，学习起来吃力，成绩越来越差，就越学越没有信心。

孩子偏科与升学考试的科目也有一定关系。有些孩子对高考要考的科目狠下功夫，认真学，对高考不考的科目就不愿学。理科班学生忽视历史、政治、地理的学习；文科班学生则忽视物理、化学、生物的学习。他们往往认为不考的科目是副科，不重要，在学这些课时，就不用心听课。实际上各科知识是相通的，所谓的"副科"学好了，对学习"主科"也有促进作用。"读史使人明智，读诗使人灵秀，数学使人周密，科学使人深刻……凡有所学，皆成性格"。再者，学习各科知识的目的，从开发智能的角度来说就是使人变得聪明。试想，只要变得聪明了，学习其他学科也一定会轻松愉快。学习成绩优秀者，各科成绩都比较均衡，没有明显的弱科，道理就在其中。

孩子偏科现象较为普遍，有的偏科程度甚至比较严重，这是因为孩子的兴趣出现了一些新特点。孩子上小学时兴趣不太稳定，容易为外界条件所左右；到中学时兴趣一旦形成，往往非常强烈，不易动摇。但孩子的兴趣指向往往带有盲目性和片面性，这种情况反映在文化课学习上出现了偏科现象。

导致偏科的另一重要原因是心理因素。往往在最初，孩子没有明显的"弱科"，但因偶尔一次没有考好或者成绩不理想，便对这门课程"畏而远之"，害怕以后考试成绩更差，结果越害怕就越失败，越失败越害怕，以至陷入失败的怪圈，时间一长，导致偏科。

面对孩子的偏科，父母要做的就是告诉孩子，失败本身并不是一件可怕的事，可怕的是走进失败的恶性"怪圈"出不来。实际上，失败的事是经常发生的，在同一个孩子身上就同时扮演着失败者和成功者的角色。重要的是让孩子建立自信，不要心灰意冷，不要退缩。只要加倍努力，就会在"山重水复"之时出现"柳暗花明"。

总之，形成孩子偏科的原因是多方面的，父母必须帮助孩子找出偏科的原因，有针对性地对孩子进行正确引导。

那么，父母怎样有效帮助孩子防止和纠正偏科现象呢？以下建议可参考。

1. 帮助孩子认清偏科的危害

中小学教育是基础教育，只有学好各门课程，才能适应升学和就业的需要。要让孩子懂得，中小学阶段特别是小学和初中阶段，属于基础教育，学生只有学好各门功课，才能适应将来升学和就业的需要。进入高中阶段，如果单纯从高考的角度来讲，不管是文、理各考五门还是实行"3 + X"考试，都必须均衡发展。如果能有一门冒尖学科，能提高标准分衡量的总分更有利；但是如果有一门偏科，会导致用标准分衡量的总分大幅度下降。

从就业角度看，偏科不能适应工作和社会发展的需要。从孩子走上社会来看，不管做什么工作，都需要多方面的知识，特别是在科学技术突飞猛进的今天，没有丰富的科学知识，就不能适应工作的需要。

父母要让孩子懂得：各门课程的学习，在培养能力和发展智力过程中，担负着不同的任务，不能互相代替。缺少了任何课程的学习，都不可能形成完整的知识结构，会影响孩子全面、协调的发展。偏科对孩子现在的学习、将来的发展危害都非常大。

2. 有偏科现象时要及时纠正

孩子在学习中出现偏科现象，在思想情绪上会有所流露，父母要随时观察、了解，发现有孩子偏科的情况，要及时提醒，把工作做在孩子偏科的萌芽时期。

有的孩子偏科，是不理解开设各种课程的目的、意义，父母要给孩子讲清道理，使他们懂得学好这些课程的意义，鼓励他们树立信心，端正学习态度。

3. 帮助孩子解决学习中的实际困难

孩子在学习中有困难，父母要给予帮助。家长还可以与任课教师联系，同学校密切配合，想办法给孩子补习功课。总之，父母对孩子偏科的现象不能放任不管。

有的孩子一门或几门功课学得特别好，这不是偏科。父母要支持和鼓励孩子的特殊爱好和特长，同时，也要鼓励孩子将所有的课程学好。

学好各门功课，不仅是为了掌握多学科知识，更重要的是培养孩子的综合应用能力，开发他们的智力。随着社会的进步和科学的发展，实践要求人们必须具备多种能力和智力素质。各门功课都有它自身的系统性和逻辑体系，体现了特定的思维方式。不同的学科在培养能力和开发智力中，会从不同的角度起作用。缺少了任何课程的学习，都不能形成完整的知识结构，都会影响孩子将来在学业和事业上的发展。所以，家长们要花大气力解决孩子偏科的问题。

做孩子的数学学习规划师

数学是一门高度抽象与概括的科学，是一片神秘而浩瀚的天空，它抛弃了世界万物丰富多彩的具体内容，不管是一个人、一个苹果还是一个本子，它只研究其中最抽象的数量关系和空间形式，数学的这一特点决定了学习数学对于孩子来说，不仅是对已有能力的锻炼与考验，同时也有利于孩子潜力的发掘与提高。所以，父母要善于在一些有趣的题中培养孩子学习数学的兴趣，使孩子在这片天空里自由飞翔。

所有的学科中，数学是最难以引起孩子兴趣的科目。那么，怎样培养孩子的数学兴趣呢？

在辅导孩子学习数学的时候，激发出孩子的学习兴趣是最重要的一环，从心理学角度上讲，如果抓住了孩子的某些心理特征，对辅导过程将有一个巨大的推动作用，兴趣的培养就是一个重要的方面。兴趣能激发大脑组织用功，有利于发现事物的新线索，并进行探索创造，兴趣是学习的最佳营养剂和催化剂，孩子对学习有兴趣，对学习材料的反映也就最清晰，思维活动也就最积极、最有效，学习也就能够取得事半功倍的效果。

培养孩子学习数学兴趣的途径是多种多样的，除了和谐、融洽的父子和母子关系外，更重要的是选择适当的辅导方法，作为父母应努力使孩子热爱数学，才能让孩子对学习有兴趣，只有有兴趣，才能学好数学。因为兴趣是学习成功的秘诀，是获取知识的开端，是求知欲望的基础。父母可通过以下方法来激发孩子兴趣。

1. 培养孩子的观察能力

观察能力是认识事物、增长知识的重要能力，是构成智力的重要因素。在孩子学习小学数学的时候，父母就必须引导孩子掌握基本的观察方法，让孩子学会在观察的时候透过事物的表象，抓住本质，发现规律，达到不断获取新知、培养能力和发展智力的目的。

在辅导孩子数学的时候，父母要尽量列举一些孩子熟悉的实例，运用幻灯、模型、实物等教具，形象而又直观地引导孩子去观察、分析、综合，从而激发孩子学习知识的兴趣，使孩子在轻松愉快的环境中能够化繁为简，化难为易地掌握所学的知识，让孩子不至于在深奥的数学迷宫中迷失方向。

2. 加强直观辅导

在辅导孩子学习数学的时候，父母单从提高语言表达能力和语言直观上下功夫还是远远不够的，要解决数学的抽象性与形象性的矛盾，还应充分利用直观辅导的各种手段，"直观"具有看得见，摸得着的优点，"直观"有时能直接说明问题，有时能帮助理解，会给孩子留下深刻的印象，使孩子从学习中得到无穷的乐趣。

3. 即时鼓励

"好表扬"是孩子的重要的心理特点。可以点头表示肯定，说"好"或者"对"表示赞许，也可以说一句鼓励的话："真好""真会动脑筋"，还可以奖给小红花等形式，对孩子学习上的进步表示祝贺，这样做可以给孩子极大鼓舞。要善于发现孩子的闪光点，加以肯定，最大限度地调动孩子的积极性，增加孩子克服困难的勇气，增添孩子对学习数学的兴趣。

对于怎么提高孩子学习数学的兴趣，著名教育家斯托夫人的方法很值得我们借鉴。

斯托夫人用她的方法，很快就教会她女儿维尼夫雷特数数和数字，而且她还用做买卖的游戏轻易地就使女儿学会了数钱。然而，当斯托夫人教女儿乘法口诀表的时候，女儿第一次表现出厌烦的情绪。虽然斯托夫人把口诀编成歌唱，可还是不行。

5岁的女儿可以用8种语言说话，在历史和文学方面，已经具有初中毕业的水平，还在报刊上发表了不少文章和诗歌，却学不会乘法口诀。这让斯托夫人感到非常担忧，女儿的智力是否出现了偏向，她的目标是使女儿获得全面发展，智力的片面发展造就不出真正幸福的人生。虽然斯托夫人很担忧，但她并没有强制女儿硬背乘法口诀，因为她很清楚强制是达不到目的的，而且可能会挫伤女儿的性格。

正好在那个时候，斯托夫人为了宣传世界语，带着女儿到纽约的肖特卡去讲演，在那里，她遇到了数学教育专家洪布鲁克女士。斯托夫人向她讲了自己的问题，洪布鲁克女士回答道："虽然你的女儿在数学上没有天分，但还不是过于片面，问题是你的教法不对，你没有能够有趣地教，她自然没有兴趣去学。你喜好语言学、音乐、文学和历史，所以能够很有兴趣地教女儿，她也喜欢学。至于数学呢，你自己没有兴趣，因而教起来也就勉强，你女儿自然就感到厌恶。"然后，她把教数学的方法教给斯托夫人，斯托夫人运用这样的方法教女儿数学，取得了很好的效果。

首先，斯托夫人接受洪布鲁克女士的建议，想办法使女儿对数学发生兴趣。她经常和女儿玩一些关于数学的游戏，例如：在纸盒里装入一把豆子或者纽扣，她们每人抓一把，数数看谁手里的多；或者吃葡萄的时候数数它们有多少种子；在帮助佣人剥豆子的时候，她们一边剥一边数豆荚中有几颗豆子。她们还经常掷骰子玩，开始是掷两个骰子，把出现的点数加起来记在纸上，这就是所得到的分数。如果正好是 6 分，就可以再掷一次。玩过几次之后计算一下，看谁胜谁负。

女儿对这个游戏很有兴致。根据洪布鲁克女士的建议，每次做游戏的时间不超过一刻钟。因为洪布鲁克女士说，数学游戏很费脑力，最好不要超过一刻钟。两三个星期以后，她们玩的骰子增加到了 3 个，后来是 4 个，最后达到 6 个。

接下来，她们玩一种分组游戏，把豆子和纽扣两个一组分成两组，或者三组，要么是三个一组，分成三组到四组，再排列开来，计算总数是多少，写在纸上。为了方便计算，斯托夫人就把这些做成乘法口诀表，并且写出来挂在墙上。不久，维尼夫雷特就理解了二二得四，三三得九的道理，而且十分开心。

斯托夫人还经常同女儿做模仿商店买卖的游戏，这是为了使女儿能够将数学知识运用于实际生活中。这个"商店"里的东西有的是计量长短，有的是计数量，有的是用分量计算。价格就按实际的价格，货币用真钱。她到女儿的"商店"去买各种生活用品，女儿计算多少价钱，并给斯托夫人找零钱。

　　女儿有自己的储蓄，在她学习用功，或者工作积极，或者帮助他们做事的时候，斯托夫人都会给她钱作为奖励，还有杂志社和报社给她邮寄来的稿费，这些钱都用女儿的名字存在银行，并由女儿自己计算利息。

　　按照洪布鲁克女士指点的方法，斯托夫人很快使女儿对数学产生了兴趣。有了兴趣以后，学起来就容易多了，从算术到代数、几何都十分顺利。

　　由此可以看出，数学辅导需要在父母的指导下，让孩子主动、积极地学习，这样才能有效地培养孩子独立获取知识、应用知识的能力。知识、智力、兴趣关系非常密切，而孩子的行为在很大程度上是受他们的情感来支配的，父母应根据孩子的这一心理特点，有意识地创造良好的辅导气氛，让孩子热爱学习，并对所学的学科产生兴趣。

做孩子的英语学习规划师

大多数孩子在接触英语的时候，已经过了学习语言的最好时期，这个时候孩子对语言的学习就没有了太大的兴趣。所以，想让孩子学好英语，就要让孩子对它产生兴趣，把学英语当成一件开心而愉快的事情去做，而不是让孩子硬着头皮去应付。

众所周知，在学习过程中，兴趣是最好的老师。许多孩子不愿学英语，关键是他们对英语没有兴趣。因此，作为父母，首先应该先去激发孩子的学习兴趣。

1. 迁移孩子的兴趣，激发求知欲

让孩子学英语是一件让很多父母都头痛的事。学好英语需要持之以恒的毅力，而有的孩子缺乏的往往就是这种锲而不舍的精神，如果只是从正面向他们大谈学好英语的种种好处，恐怕收效甚微。如果能把孩子在其他方面的兴趣，迁移到学英语中来，则可事半功倍。

2. 用口诀帮助记忆，提高学英语热情

英语语法规则，词的用法区别，发音规则等，常常让孩子因为达到一个新的水平感到迷惑。有鉴于此，父母可以编一些口诀来帮助孩子记忆，降低学习难度，使孩子学英语的热情升温。

3. 制作学习工具，激发学习英语兴趣

对于初学英语的孩子来说，直观教学尤其显得重要。一般

初学英语的人适合用这个方法。因为初学者所接触的词汇量比较少，所学的单词也比较简短，词与词之间的联系也不多，容易记忆。所以，可以做一些小卡片，把生词写在上面，然后随身携带。这样，就可以激发出孩子学习英语的兴趣了。

4. 自编短剧，调动学习积极性

学习要"学以致用"，而英语的学习更是如此。父母要让孩子在学了英语后，要会开口说英语。所以，父母可以和孩子一起表演书本里面的情节，或是自己编一些情节来演。这样可以让孩子处于一种积极主动的学习状态，也能培养孩子的创造性思维能力。

5. 开展竞赛，调动学习兴趣

孩子一般都有进取心和荣誉感，孩子的竞争意识更加激烈。将孩子的这种竞争意识引入到学习英语中来，则是一种非常有效的形式。比如，平常在家的时候，父母可以和孩子搞一些竞赛。孩子的好胜心一旦被激起，学起来也就会容易多了。

总之，兴趣是推动孩子学习的内存动力。父母要为孩子多创设一些能激发孩子学习兴趣的方法，以提高孩子的英语水平。

学英语是一个漫长的过程，走走停停很难有成就。比如烧开水，在烧到 90 摄氏度时停下来，等水冷了又烧，没烧开又停，如此周而复始，又费精力又费能源，最后还很难喝到开水。学英语也是一样，要一鼓作气，天天坚持，在完全忘记之前要及时复习、加深印象，如此反复，直至形成永久性记忆。

学习英语的人都知道，记忆单词是英语学习中面临的难题和任务。英语是拼音文字，26个字母经过排列组合构成几十万个英语词汇，如果只靠死记硬背，那真是太难了。但是，如果科学巧妙地抓住规律去记忆，采用灵活的记忆方法，就会收到事半功倍的效果。下面推荐几种记忆单词的方法。

1."五用"法

所谓的"五用"法就是：用眼睛看着、用嘴巴念着、用耳朵听着、用手写着、用脑子记着，达到眼、口、耳、手、脑同时并用。要知道，学习和记英语单词时需要精力集中，需要调动这五种感观来参加训练学习，以获得最佳效果。这种方法可以提高学习效率，以达到最好的学习效果。

2. 理解法

这种方法就是要利用单词之间的各种联系，按照不同的类别，一类一类地学。比如把重读音节的读音相同，拼写的结构相同，词性相同，词义相反或相近的词进行科学的分类集中地去学。这样学习，就会让七零八散的单词有了可以遵循的规律，记忆起来也就会容易多了。

3. 奇想法

那些奇异独特的事物总能给人们留下深刻的印象，孩子们对那些奇特的事情更是有着强烈的好奇心，也都喜欢去想一些奇怪的事情。如果把英语单词造出一个个奇异的特征，让它们都有鲜明的形象特征，让孩子采取奇特的趣味记忆，他们就会记得更牢固，效果也就会更好。

4. 分类法

这种方法就是把英语单词按照它本身的性质、用途等进行归纳分类，使它们系统化，这样就容易记忆了。它们之中有可以分为人体部位的，有可以分为学习用具的，还有可以分为交通、动植物等多种多样。这样一来就可以活学活用，更可以方便记忆了。

记忆英语单词的方法很多，不要只局限于以上几种，像是比较记忆法、机械法等。但是，不管采用哪种方法记忆，都需要把学习过的单词经常复习，做到"温故而知新"，才能熟能生巧。

要想孩子真正学好英语，就要训练孩子的口语，要想训练孩子的口语，就必须让孩子找出要说的话题。可有的孩子学习口语时经常会遇到的一个问题就是觉得"没什么可说的"。说来说去还是那几句，不是"What is your name（你叫什么名字）"就是"How old are you（你多大）"，慢慢地，兴趣也没了，热情也淡了。为此湛立老师创立了"五说法"，在教学实践中很受欢迎。孩子们再也不为缺少可说的话题而苦恼了。据湛立老师本人介绍，这"五说"依次如下。

1. 概说（general description）

"概说"就是在预习课文的基础上，经过思维，用三、五句话加以概括总结课文中心思想或主要内容。这样做，既培养了孩子们的思维能力，又综合检验了学生们的基础知识掌握情况和运用能力。

2. 变说（paraphrase）

"变说"就是充分发挥孩子模仿性强的特点，用所学知识来改变局部课文的原来写法，重新组织文字，进行表达的一种训练方式。由模仿到创造，举一反三，融会贯通，有利于求异思维的培养。

3. 补说（making up）

"补说"是就特定语言环境扩散联想，进而由孩子对原文进行补充的训练形式。先给孩子一定的语言环境，然后启发孩子的扩散思维想象能力，对理解记忆中的表象进行加工改造以后，得到一种新的形象思维，或更精练的逻辑思维。

4. 评说（discussing and commenting）

"评说"是一种更高层次的思维训练。要求孩子必须加深对文章中心思想的理解，捕捉文章中主人公的心理活动，鉴赏挖掘课文的真正思想，在此基础上利用英语来表达自己对文章主题或主人公性格特点的评价与认识。这样既提高了英语口语能力，更训练了思维能力。

5. 推说（inference）

用英语进行推断讲述，是一种升华，这种训练也是很必要的，是让孩子利用所学语言进行创造性思维的过程。

实践证明，"五说法"是提高英语水平和表达能力的好方法。通过近几年的训练，不少孩子已达到或超过了"英语教学大纲"的要求，能够独立阅读和理解与课文难易程度相当或高于该程度的课外阅读材料。

做孩子的物理学习规划师

　　有些孩子一提到物理就头疼，问及原因也是各种各样，十分复杂。父母千万不要因为孩子不能学好物理而认为孩子"脑子笨"或是"不用功"。其实，学习的好坏不只是取决于智力因素，更多的时候是取决于父母的态度。只要父母耐心地对孩子进行辅导，让孩子从学习中得到乐趣，久而久之，孩子就会对物理产生兴趣了。

　　其实，物理这门学科最大的特点就是"趣"，因为，在这门课程中有很多有趣的小实验。所以，父母要充分发挥实验的魅力，用它来激发孩子的学习兴趣。这样就会让孩子对物理产生兴趣，让孩子变得爱学物理，有信心学好物理。

　　物理学是一门以实验为基础的自然科学，物理学的研究离不开观察和实验。

　　观察是在事物或现象的自然状态下，让人通过感官去认识事物或现象。可以说，没有观察就没有物理学。大家知道，牛顿发现万有引力定律，是和开普勒发现行星运动三定律密切相关的。开普勒是一位视力极差的天文学家，他的研究素材完全依靠他的老师、天文学家第谷长期进行天文观察的结果。第谷在赫芬岛上建立了天文台，在那里辛勤观测了 20 年之久。每当夜深人静的时候，他都在月下静坐，凝视天空。他的工作细致、准确到令人惊讶的地步——他测量的各个行星的角位置的误差小于 0.067 度（这个角度大约相当于把针尖放到一臂远处，用眼睛看到针尖所张的角度）。不要忘记，第谷的测量是在望远镜发明前用肉眼进行的！第谷逝世后，把观察所得的浩若烟海的资料传给了开普勒。第谷长于观察，但缺乏理论思维能力；开普勒勤于思考，他对第谷的资料进行了长期的研究。可以说，没有第谷的精确观测，就没有开普勒三定律，就没有万有引力定律，就没有整个牛顿力学。可见，观察对物理学是何等的重要！所以，父母要在平常的生活中让孩子学会观察，这样孩子对物理的兴趣就会有所提高了。

有了兴趣，养成观察的习惯，再掌握一些特有的思维方法，孩子的物理成绩自然就会提上去了。在初学的时候，物理规律并不多，但物理现象和过程却千变万化。所以，孩子只掌握基本概念和规律是不够的，还必须掌握科学的思维方式。只有掌握了科学的思维方法，才能提高推理能力、分析综合能力以及把复杂的问题分解为简单问题的能力，灵活地运用所学知识去解决物理问题。

1. 分析与综合的方法

分析是把研究对象分解成各个组成部分，然后再加以研究的一种方法，简而言之，分析就是从整体到部分的思维方法。在力学中常用的"隔离法"，就是一种分析方法。

2. 归纳和演绎的方法

从个别事实出发，推出普遍性结论的方法称为归纳法，归纳是从个别到一般的方法。从一般性知识的前提出发，推出特例性知识结论的方法称为演绎法，演绎是从一般到个别的方法。牛顿说过："在实验中各个定理都是从现象中推论出来的，然后再通过归纳而成为普遍的原理。"爱因斯坦也说过："适合于科学幼年时代的归纳为主的方法，正在让位于探索性的演绎法。"总之，牛顿和爱因斯坦，这两位物理学的专家都从不同角度出发，对归纳和演绎的方法给予了高度的评价。

所以，孩子在学习物理的过程中也要让他善于归纳。例如：对于大量的物理习题，要善于归纳，找出某一类问题中隐含的共同的本质规律，也就是"多题归一"。这样可以帮助孩子从茫茫题海中解脱出来。

3. 理想化方法

物理学研究的理想化方法包括理想实验和理想模型。所谓理想实验，就是指运用逻辑推理手段，想象出对理想化客体的"实验"，实际上是一种逻辑推理过程，是在思想上"做实验"。伽利略的理想斜面实验就是首创了把经验事实与抽象思维结合起来的研究方法，爱因斯坦给予其高度评价："伽利略的发现以及他所应用的科学推理方法，是人类思想史上最伟大的成就之一。"

4. 对称方法

对称也是一种重要的思维方法。开始的时候，人们接触到的是几何图形的对称性。以后，随着人们对自然界认识的深化，对称的概念已不局限于空间图形了。例如，季节的轮回、钟表等时间上的周期性可以理解为时间的对称，自然界运动规律在空间和时间中的不变性则是运动规律的对称等。对具体的物理问题而言，运用对称的方法往往可以化繁为简。

5. 几何方法

用图形来研究物理问题也是一种常用的方法。美国数学家斯蒂恩说："如果一个特定的问题可以转化为一个图形，那么，思想就整体地把握了问题，并且能创造性地思索问题的解法。"用图形来研究物理问题，具有直观、形象、便捷的特点。从思维方式的角度看，用图形研究物理问题是形象思维与抽象思维相结合的好方式。物理学中的几何方法主要是指图示法和图像法。图示包括矢量图、力线图、流线图、谱线图等，基中矢量图是孩子们最熟悉的。

总而言之，物理是需要兴趣、观察和方法结合在一起才可以学好的。所以父母要注意培养孩子在这几个方面的能力。让孩子先对它产生兴趣，再进行观察，最后结合方法，最终达到学好物理的目的。

做孩子的化学学习规划师

化学是自然科学的重要组成部分，它侧重于研究的组成、结构和性能的关系，以及物质转化的规律和调控手段。化学课程以提高孩子的科学素养为主旨。激发孩子学习化学的兴趣，可以帮助孩子了解科学探究的基本过程和方法，可以培养孩子的科学探究能力。

通过学习化学，让孩子能够认识身边一些常见物质的组成、性质及其在社会生产和生活中的应用，能用简单的化学语言予以描述；让孩子形成一些最基本的化学概念，初步认识物质的微观构成，了解化学变化的基本特征，初步认识物质的性质与用途之间的关系；让孩子了解化学与社会和技术的相互联系，并能以此分析有关的简单问题；让孩子初步形成基本的化学实验技能，能设计和完成一些简单的化学实验。让孩子能够认识科学探究的意义和基本过程，能提出问题，进行初步的探究活动；让孩子初步学会运用观察、实验等方法获取信息，能用文字、图表和化学语言表述有关的信息，初步学会运用比较、分类、归纳、概括等方法对获取的信息进行加工；让孩子能用变化与联系的观点分析化学现象，解决一些简单的化学问题；让孩子能主动与他人进行交流和讨论，清楚地表达自己的观点，逐步形成良好的学习习惯和学习方法。

化学需要记忆的知识较多，化学用语的掌握是化学课程的重点。化学用语具有"约定俗成"的特点，必须通过强化记忆来掌握。可以利用顺口溜、生活术语等方法来帮助快记、熟记，这样既把住了"说、记、用"三关，又培养了孩子严谨的学习作风。

对化学的学习是一个系统工程，从一开始就要进入角色，让孩子把学过的有关概念、元素化合物的知识，通过实验观察认真地去理解去分析，同时要及时地进行复习，要抓住问题不放手，这样学习过程中的问题会逐渐减少，才能让孩子树立学好化学的信心。化学学习的内容与生活的实际直接相关，比如：空气、氧气、氢气、水和溶液都和日常生活有联系，因此，想让孩子学好化学不难，但是有些知识特别是化学用语这一部分，像元素符号、化合价、化学式、化学方程式等，应该记忆的知识孩子还是需要下一番苦功才行。

1. 掌握"化学用语"这个工具

"化学用语"是在学习化学的时候必须要掌握的重要工具，课堂学习、化学实验、化学记录、化学习题计算都离不开它。既然它这么重要，那么，应该怎样加强这方面的学习呢？想要加强这方面的学习就要抓住三大关，也就是元素符号、分子式、化学方程式。当它们出现的时候，一定要紧紧记住。

2. 分析、理解，找出规律

化学中的一百多种元素，要怎么记才能记得住，记得牢呢？其实，可以让孩子反复分析和理解。这里有两种方法，第一种方法：从周期表中可以看出，左下方的元素是金属元素，右上方的元素都是非金属元素，金属与非金属之间有一明显的从硼到砹的分界线。有的同学为了帮助记忆还编了一首歌谣："从硼到砹画条线，金属都在左下边。右上全是非金属，非金属不满二十三（22）。还有元素靠近线，它们都把两性显。"这样一分析，复杂的周期表就好记多了。

3. 相关知识，进行连锁记忆

例如，同周期元素（除惰性气体外）自左至右原子结构和化学性质的递变关系为：核电荷数递增→核对外层电子的引力增大→原子半径减小→得电子能力增强→氧化性增强→非金属活动性增强。

这样用核电荷数递增这条主线将相关知识贯穿起来记忆，就容易融会贯通了。

让孩子的其他学科也齐头并进

历史、地理、生物这三门学科普遍不被重视，但是，为了让孩子能够成为全能的人才，父母必须让孩子把这三门学科也作为重点来学。这样才不会有偏科的现象发生。

1. 培养孩子对历史的兴趣

历史是世界上各民族共同创造的，是全人类智慧的结晶。几千年来人类在各个领域的实践里取得了丰富的经验，也提供了许多深刻的教训。

历史兴趣的培养可从如下几个方面入手。

第一，认识学习历史的重要性。人们常说"历史是真理的母亲"，"历史是生活的镜子"，这些话都充分说明了历史这门学科特有的功能。如今，历史学的功能较以往更广泛、更深刻。随着社会迅速发展和竞争的日趋激烈，知识单一型人才将越来越不适应社会的需要。通过学习和研究历史，则能培养人们的历史意识、历史思维和历史方法，从而提高整个民族的文化素养和历史认同感。

第二，调动孩子学习的能动性。心理学家告诉我们，人的情绪具有感染性和扩散性，"感时花溅泪，恨别鸟惊心"，正反映了人们的这种心境。体现情感学习风格，首先要有强烈的爱憎分明的情感。这种内在的情感和外在的表情总能在学习中真实地流露出来，这样就会激发起孩子相应的情感体验，并能让孩子随着父母讲述历史时感情的起伏或激奋或悲哀，因此，只有让孩子体会到教者的"情真意切"，才能"感受至深"。同时，还要让孩子经常参加丰富多彩的课外活动，寓学于乐，拓宽孩子学习历史的视野。

2. 培养孩子对地理的兴趣

学习地理首先要在头脑中形成正确的地理表象。地理表象就是地理位置、地形（如山脉、河流）以至地图等地理事物在人脑中所形成的表象。这些正确表象的形成是理解地理知识的基础。想要让孩子对地理产生兴趣，需要从下面两个方面做起。

第一，为孩子创设问题的情境。所谓"问题"，是指孩子迫切希望获得解答的关于地理内容的疑问。"学则须疑"，所谓"问题的情境"是指能使孩子提出问题或接受父母提出的问题，从而产生好奇心与学习愿望的情境。问题的情境由问题的背景、问题的系列、体系共同构成。问题不断明确着孩子认识活动的远近目标，激化着已知与未知的矛盾，推动着孩子认识活动的发展。

第二，为孩子创设成功的情境。所谓"成功的情境"，也就是使孩子成功地学习，使他们的好奇心与学习愿望获得满足，从而体验到认识活动快乐的情境，也就是使问题情境中的问题获得解决的情境。

没有问题的情境，难以激发孩子的认知需要，没有需要就不会去追求满足，则无所谓成功的情境。没有成功的情境，问题情境激发出的认知需要之火会自然熄灭。问题的情境与成功的情境互为条件。孩子的地理学习兴趣在两种情境的反复呈现中形成和发展。

3. 培养孩子对生物的兴趣

生物是一门实验性很强的学科，要想掌握它，就必须让孩子亲自观察、实验。

生物中的观察首先要明确观察目的。不管是观察标本、实物还是观察实验，都要先经过预习，了解观察的目的性，才能使自己的注意力集中在所需观察的对象上，才能进行细致的观察，才能对观察的对象有清晰的感知。

其次，要按合理的程序观察。观察的步骤和方法一般要由对象的整体到部分，再由部分到整体。观察应先指向对象的整体，对整体有一个初步的、一般的、粗略的认识后，再分出对象的各个部分，先看上面、前面，后看下面、后面，由外到内，由表及里，养成按顺序观察的习惯。观察时要细致，以了解其特点、作用、各种细节以及各部分之间的联系，从而对整体获得确切的全面的深刻的认识。

最后，观察时要用多种感官和分析器。不仅要用眼看，也要根据对象的实际情况运用听觉、触觉等器官细致感知。观察时要积极思考，将生动的直观与抽象思维相结合，形成正确的概念、判断和推理，认识事物的本质。

此外，还要让孩子及时做好观察记录。记录观察结果既可以巩固成果，又能促进孩子细致观察和思考。

如何提高孩子的作文水平

在中小学这一学生作文起步的阶段，父母们首先要做的，应该是像德国教育家第斯多惠所说的"教学的艺术不在传授本领，而在于激励、唤醒、鼓舞"，以实现孩子"易于动笔"，"乐于书面表达"，对作文"有兴趣"的目的。要达到这个效果，父母在教孩子写作文的时候应遵循以下四个原则。

1. 生活性原则——让孩子的作文贴近生活，因生活而美丽

英文学习的外延与生活相等，作文也不例外。作文言之无物，内容空洞，没有时代感，其根本原因是在于：家长在家里引

导时，让作文的主体——孩子，远离了文章的源泉——生活。因此，一方面父母不能把孩子限制在单一的读书学习上，应创造条件让孩子向生活靠拢，融入生活，多参加各种活动，体验生活中的各种情感；另一方面要让孩子明白作文就是应生活之需，切生活之用，为真情而写，为兴趣而写，为交际而写，为自己的酸甜苦辣、喜怒哀乐而写。同时，让孩子的作文题目不受拘束，允许他们自由选择，写自己关心的、相信的和想说的话。当孩子的生活丰富多彩了，孩子的作文也就会"美丽"起来。

2. 激励性原则——让父母的赏识成为孩子作文的动力和快乐

同样一篇孩子的作文，用挑剔的目光放大它的不足之处与用赏识的目光去挖掘它的闪光点，留给孩子的感受和产生的效果是截然不同的。前者往往让孩子越写越没意思，看到的总是自己的缺点，而后者却让孩子写作的兴趣越来越浓，哪怕孩子的作文并没有什么进步。"诚于嘉许，乐于称道"，应该是兴趣培养的加油站。

3. 读写互动性原则——让阅读融入孩子的心灵，因阅读而美丽

假如让繁重的课业负担剥夺了孩子阅读课外书的时间和条件，加上学校某些老师在阅读教学中的机械讲解与灌输，孩子就会疏远排斥阅读，必然会造成"读写分离"。当孩子不能从阅读中获得快乐，也就不能去体验作文的快乐的。只有让阅读融入孩子的心灵与精神世界，他们才会产生表达的需要与激情。要做到这一点，首先父母要督促孩子坚持阅读，通过和孩子分享读书体会，对孩子进行潜移默化的影响。另外，家长不妨也写一下作文，让孩子从父子、母子交流中体会作文的快乐，产生写作文的欲望。

4. 实用性原则——让孩子把作文"用"起来，在"用"中兴趣盎然

传统的作文练习，除了个别孩子的作文能被当众阅读或刊登外，绝大多数孩子的作文都是写了之后让老师或几个学生互相改过之后就完事了，成了一个封闭的没被"用"起来的东西。如何刺激孩子对写作感兴趣，使他们都能有机会把作文"用"起来呢？这就必须在"相互交流"与"自我展示"上努力。比如，随着网络时代的到来，父母应该鼓励孩子把自己积累的作文、日记、读书笔记等登出来，让大家互相评赏；并且定期将自己的作文或最满意的部分念给自己圈内的好朋友听，听其修改及评语；同学之间多互相写信，给亲朋好友寄作文；逢年过节，还可以把自己作文里的"精言妙句"抄录在贺卡上赠给别人等。生活在于体验，这些做法在很大程度上达到了写以致用的目的，使孩子有机会和兴趣去感受作文带来的成功与自豪。

培养孩子对文学的浓厚兴趣

瑞士心理学家皮亚杰说："兴趣是能量的调节者，它的加入便发动了储存在内的力量，足以使工作变得有乐趣。"兴趣是最好的老师，孩子对文学的浓厚兴趣是使孩子积极地接受文学熏陶的关键。然而，在现实生活中，有些父母却在扼杀、压制孩子的文学兴趣。

首先，父母为孩子选择不合适的书。比如太过艰深的书，离孩子生活太遥远的书，过于"成人化"的书，还有恐惧、悲伤、阴郁等消极情绪的书，枯燥乏味、教条化的书……，孩子在阅读这类书籍时，心理上是不但难以获得审美愉悦感的，反而会产生厌倦、反感、烦躁等情绪。

其次，是父母对孩子的阅读进行过多的干扰。当孩子独立意识逐渐增强时，他们会希望自主、自由地读书，如果父母总是用"你怎么还没读完那本书"之类的话干预他们，就会激发同孩子的逆反心理，进而让孩子对书本感到厌恶。

最后，父母用分析语文的办法指导孩子读书。读文学书籍，贵在产生情感共鸣，获得美学享受。然而，有些父母却按着应试教育的思路，把文学作品一篇篇"肢解"成字、词、句、段、中心思想，这种做法违背了文学欣赏的基本规律，无异于焚琴煮鹤，大大倒了孩子的胃口。

那么父母应该怎么做才能让孩子对文学感兴趣呢？要知道，在孩子的心目中，父母是当然的权威。父母的价值评论方式，也会潜移默化地渗透给孩子。所以，要培养孩子对文学书籍的热爱，父母就应该反复地表示出自己对读书的赞赏，对文学的赞赏，对热爱书籍的人的赞赏。让孩子从小树立"读书是有用的"

和"读书是有趣的"这种观念。

假如孩子的阅读基本功很强，只是讨厌书本，那么问题可能出在家庭内部。可能是家里给了他这样那样的压力，逼得他暂且造反。在这种时候，父母千万不能对孩子施以高压，而是应该为他创造一个宽松自由的环境，逐渐培养他的读书热情。

孩子不爱读书，那么他喜欢什么呢？找出孩子喜欢的东西，然后从这些东西上找出能够让孩子感兴趣的书籍。比如，一些孩子喜欢科学知识，那么就从科普读物、游记和科幻小说开始好了。他喜欢足球？好，父亲陪着儿子看看足球比赛，然后不动声色地给他一本世界杯足球画册作礼物，孩子津津有味地读完了这本书，他开始感受到了读书的快乐。那么，再给他一些这方面的读物：球星的传记、描述体育比赛的报告文学和小说。除了这样做之外，父母还可以收集一些名人读书的故事讲给孩子听，在孩子书桌前挂一条有关读书的格言，送孩子几本介绍名人少年时代读书立志的传记。这些途径能以榜样的力量激发孩子阅读的积极性。

父母也可以在孩子身边寻找一些典型事例。父母少年时学习的经历是很适合讲给孩子听的。如果邻居或亲戚家有乐于读书的小孩，也可以激励自己的孩子与他们竞赛。

在孩子阅读的过程中，父母一定要以不断的表扬、肯定、赞美来点燃孩子的自信心。这种赞美性的话语应该是有针对性的，例如："我发现你今天又学会了一个新词语，真聪明"，或"你对这本书的见解很有新意，连爸爸也受了你的启发"，这样的评语可比泛泛而谈的"不错，读得好"要强得多。孩子在阅读中时常会产生畏难情绪，这时，父母也依然要用肯定性的话语激励他们，例如："这本书对你这个年纪的孩子是难了一点，不过你很聪明，家长相信你一定能读懂它"，就是很好的鼓励性话语。

在孩子的阅读取得明显进步时，父母应该给予一定的奖赏：一本书、一套精美的书签、一个笔记本或一次全家的郊游。不断的鼓励会帮助孩子树立自信心，以更浓厚的兴趣和更恒久的耐心对待文学阅读。

鼓励孩子在家人以及亲戚朋友面前朗读诗歌、讲故事等。父母和其他观众在听孩子朗诵时都要尽量地专注和热情，并给予孩子赞美和肯定。

当孩子读完一本书后，父母可以为他举办一个"读书成果报告会"，让孩子复述书中的故事，或谈读书的体会等。

激发孩子的创作欲望。为他准备一个本子，把孩子自己讲的故事、精彩的句子以及各种各样的奇思妙想记录下来，然后让孩子为它们配上插图，做成一本孩子自己的书。

鼓励孩子写信，让他交几个互相通信的朋友。

鼓励孩子记日记，让孩子每天用十几二十分钟倾吐一天的喜乐悲伤，记录一天的观察感受，展开想象的自由翅膀。久而久之，使孩子将写日记视为一种生命的需要。

还有一种办法能让孩子对文学具有浓厚的兴趣，那就是全家人一起读书，多开展一些家庭性的读书活动，这是培养孩子阅读兴趣的最好途径。读书活动，可以通过很多种方法来进行。

讲故事。故事最能诱发孩子的文学兴趣。大部分作家和文学爱好者都是从听故事开始培养阅读的兴趣的。著名作家冰心，早在4岁就迷恋上了故事，7岁时，她每天晚上缠着舅舅讲《三国演义》。后来舅舅没空了，她没有法子，只好自己捧着《三国演义》"啃"起来。从此，她就迷上了读书，迷得如痴如醉。

朗读。许多教育学家大力提倡家庭朗读，并且把它视为引导孩子接触优秀作品、激发孩子文学兴趣的良方妙策。通过朗读，孩子更容易感受到作品的美和趣味，而且，全家人欢聚一堂朗读文学作品的欢乐气氛也会感染到孩子，使孩子从一开始就了解到，文学阅读是一件多么美妙的事情。

讨论。全家性的读书讨论活动可以很正式。比如，父母可以抽出一个星期天的下午办"家庭读书讨论会"，每个家庭成员都要谈谈自己近来阅读的书，其他人则提出问题和加以评论。这种活动也可以邀请更多的人参加，如邻居、亲友、孩子的小伙伴们。更多的时候，有关读书的讨论可以更自由地进行，如饭桌上、电视机前、晚上临睡时。父母应该尽可能地启发孩子的思考，鼓励他们主动地阅读、创造地阅读。

专题性的阅读。围绕一个主题进行家庭性的阅读可以让孩子和父母有更多的共同话题，也可以使家庭读书讨论进行得更加深入。电视里正在放《三国演义》，家里便可以围绕三国展开一段时间的专题阅读。父亲负责史书的阅读和史料的收集，母亲阅读有关《三国演义》的评论，孩子则看少儿版的《三国演义》和三国故事。这样，晚上看电视的时间也就是家人共同讨论阅读成果的时间。娱乐与学习相互融合、相互促进。

这样的方式还可以找出许多许多种，如果父母能怀着爱心珍惜孩子前进的每一步，孩子就能够在自己的成长中体会到无穷的乐趣。

06

学习解压：

怎样把学习变成
轻松的事儿

学习计划，是把学习变得轻松有效的法宝

俗话说："凡事预则立，不预则废。"学习也是如此。一个人如果有了学习计划，就有了奋斗的目标；就可以对整个学习过程的目的、内容、方法、时间安排心中有数；就可以排除干扰、坚持学习；就可以学得主动、学得有成效。

所以，家长要教育孩子养成制订合理的学习计划的好习惯。让孩子在轻松的学习氛围中找到适合自己的学习方法，能够在学习中抓住重点，以提高学习效率！

有个叫瑶瑶的同学，她的成绩非常好。她最常说的一句话是："学习应该是快乐的事，学习是为了增加快乐，而不是让快乐越来越少。"

实际上，在班里她也是最爱笑的人，时不时还来点恶作剧。一到课堂上，她的眼睛就放光，举手最多的就是她。

别的同学看她学得这么轻松，非常羡慕，纷纷向她请教。她则拿出了一张计划表说："我全是靠它。"

她的计划和别的同学不一样，每天都用荧光笔标出了大大的"休息"和"玩"，她说："为了保证自己的自由活动和玩的时间，

我必须提高学习效率，学得越快，玩的时间越多。"

在学习的部分，她从来不写学习的时间，写的是效果，最多的是"理解""运用"和"熟练掌握"等字样。

别人每天回家先写作业，她则先复习课堂上做的笔记，对照书里的例题，看明白了再写作业，这样就能非常轻松地做完了。

每天写完作业，她只用10分钟的时间，把新的和旧的知识点都画到一张结构图上，是完全不看书画下来的。画的时候就等于把以前的知识温习了一遍，同时把新知识和旧知识有机地联系了起来。

在计划表上，她每天还留出了半小时的时间，用来补漏洞。她把所有测验和作业中错过的题，都单独抄到一个本子上，每天补漏洞的时候，就从里面挑题目做，故意挑那些看起来比较生疏、印象不是很深的题，做对一次打一个钩，做错一次打一个叉，当一道题目能连续得到3个钩，她就认为自己彻底掌握，就再也不会去碰它。

在孩子学习方面的培养上，家长要告诉孩子像瑶瑶那样为自己制订一个合理的学习计划，这样才能保证学习成绩的提高。计划合理就不会浪费时间，就会挤出很多的时间干其他的事情，这样对于孩子综合能力的提升是有很大好处的。

此外，家长在指导孩子制订学习计划的时候，要学会变通，当制订好的学习计划被打破时，让她学会及时地调整学习计划。

当学习过程中出现了偏科，就应该花更大的力气来弥补自己的不足；当因为生病等原因无法保证学习时间时，也应该对学习计划进行调整，尽快把落下的科目补上。

那么应该如何引导孩子制订合理的学习计划呢？

首先，家长告诉孩子在学习计划中留出机动安排的时间。在每天的学习计划中，应该至少留出半小时，作为机动安排。主要是用来回顾与复习，把前一段时间学到的知识点串起来，整理成一个系统，以加深印象，更牢固地掌握，把基础打得更扎实。根据各科成绩，合理调整时间安排。学习过程中常常会出现个别科目拖后腿的现象，这时就需要在计划安排上有所侧重，在成绩差的科目上多花一些时间。最好是在不影响正常计划的前提下把机动时间用来查漏补缺，每天至少要解决一个问题。

其次，家长还可以要求孩子每个学期要对学习计划的执行情况做一次总结。学期结束，根据考试成绩，总结一下，原来的学习计划是否得到了很好的执行，有什么具体的问题，在新的学期应该如何调整。

轻松有效地学习，才不会被学习奴役。轻松有效地学习才会有快乐，同时，也会使学习效果更好，让孩子发现学习的兴趣。

及早学外语，让外语和母语一样容易

《时代》杂志曾经有一篇报道，马里兰大学的教授德凯泽通过研究认为：人只要超过了 6 岁，掌握语言的能力就开始下降了，而其中的原因尚不清楚。但有一些研究人类大脑的专家说，随着年龄的增长，大脑中的神经纤维覆盖了一层由脂肪和蛋白质构成的保护膜，这种保护膜加快了信号经过大脑的速度，同时也限制了产生新连接的能力。

每个儿童都是语言学习的天才，如果在幼年时期得到合理开发，即便是在不努力的情况下也会至少掌握一门语言。儿童的语言学习不是通过刻苦努力获得的，也不是通过大人的谆谆教诲。他们以一种特殊的方式来学习语言，只要环境里有的语言他们都可以学会。所以如果有足够好的语言环境，儿童就能不费力气地学习两种、三种甚至是更多的语言。这些都可以归功于儿童的学习语言的能力和优势上，主要表现为以下几个方面：

1. 心理障碍小。大人学英语的时候，一般都会介意自己的文法和意思是否正确，总会在意如果自己说错了会没有面子，而小孩子的这种好面子的心理尚未形成，而且也不太分辨哪一个是自己的母语，哪一个不是自己的母语，自然就不会抗拒学外语了。

2. 发音尚未定型。人的发音器官，和身体其他器官的发展一样，在青春期前皆处于发展状态，具有相当大的弹性。一旦过了青春期，发展便会渐趋稳定，弹性也逐渐减小了。因此，就语言发音而言，若是一个孩子从小接触数种语言，有充分的机会使用这些语言，他的发音器官自然会配合这些语言发音系统调整形状，发出这些语言需要的各种声音，而过了青春期再学习另外的语言，由于发音上会有一些限制，于是产生了所谓的腔调问题。

3. 模仿能力强。小孩子的模仿能力一般来讲都相当强。孩子从出生之后，就能够从各种情境中不断吸收、记忆所有听到的声音、看到的影像，以及触摸到的东西，渐渐地组成了有意义的概念，到了一两岁的时候，孩子就能够模仿大人的发音、姿态、手势、自然的动作语言。

4. 增加积累。语言的学习，需要靠时间来积累词汇量，而语法的掌握，也必须在时间和经验中修正改进，这样一来，词汇量越丰富，孩子就越能将意思表达清楚，而掌握语法的能力越好，孩子越能流畅地说语言。

5. 加强细胞刺激。人的大脑中有几亿个细胞，连成了庞杂的网络，而这些脑神经细胞在幼年时期的发展达到高峰，如果在儿童早年的时候没有给予大量的刺激，部分脑神经细胞会因为无用而萎缩。

所以，在6岁之前给孩子适量的语言刺激，可以激发脑细胞成长，为日后的学习、发展储备能力。只要孩子对外语学习有兴趣，越早接触越能够正确地发音与使用。

人的大脑在儿童期的成长速度最快，如果家长在这一"得天独厚"的优越时期合理开发孩子的语言才华，可以使孩子轻松地掌握一门语言——即便是在不怎么努力的情况下，也可以使大脑这一智商"硬件"得到充分的开发利用。所以，家长们如果希望孩子能多掌握一门外语，不妨在孩子儿童时期就让他开始外语学习，和母语一起学习，有利于孩子像掌握母语一样熟练地掌握外语。早一步，孩子的外语学习就轻松一些！

不要把学习暗示为"苦"事

很多家长从孩子小时候就向他灌输"学习要刻苦努力"的观念，以期培养孩子良好的学习态度，但殊不知，少有孩子会认同家长。因为人的天性是避苦求乐，家长将学习暗示为一种"苦"，孩子自然就对学习这件"苦事"开始回避。

杜威认为，"凡是所做的事情近于苦工，或者需要完成外部强加的工作任务的地方，游戏的要求就存在"。如果家长把学习暗示成一件"苦事"，或者给孩子强加了很多任务和压力，使得学习成了一件"苦事"，孩子就会想逃避，想玩耍而不想学习。所以，要想让孩子喜欢上学习，就不要把学习暗示成或者弄成一件"苦"事，因为没有一个人能在讨厌一件事的情况下把一件事做好。

所以，家长在督促孩子学习的时候，要让孩子学会轻松学习的态度，养成轻松学习的习惯！

首先，轻松学习需要劳逸结合，合理安排时间。心理学专家认为，每天要有充足的睡眠时间：初中生为 9 小时，高中生为 8 小时。为了更好地学习，每天至少要保证 8 小时的睡眠时间才能有充足的精力高效率地学习。

一个人的精力如同一根弹簧，你如果在它的弹性限度内拉开它，手一松，就会弹回去，恢复原来的状态。但假如你无限度地拉，超出了弹簧的弹性限度，当你再松手的时候，它就不会再恢复原状了。

如果孩子睡眠不足，每天"超负荷学习"，就好似超过"弹性限度"，时间长了，必定影响身体健康。同时，由于大脑连续工作时间过长，会疲劳不堪，从而孩子会感到学习很累，轻松更无从谈起，学习效率也会大大降低。孩子的大脑每天都处在兴奋和抑制的交替进行状态，即学习时大脑皮层兴奋，随着学习的进行，兴奋逐渐减弱，并出现抑制，这就需要使大脑得到休息。当孩子学习感觉到很累的时候，不妨就小睡片刻，这样精神就会很好，因为这时睡觉会马上进入梦乡，所以睡眠质量很高，可以马上补足精神，精神补足后，学习效率就会提高，学习也变得相对轻松起来。

家长可以帮助孩子养成学习中途休息不超过 10 分钟的习惯，因为超过 10 分钟，会较难收心。中午时分，如果能小睡一下，下午和晚上都会很有精神。另外，体育锻炼是休息的最佳方式，这是一种积极的休息方法，对提高学习效率非常有帮助。事实上，只有做到劳逸结合，学习才会变得轻松起来。

其次，轻松学习也要适合孩子的个性。在学习中，每个人的个性各有其优势，不必羡慕别人，别人的方法未必适合自己的孩子。丰富而自由的个性也是一个社会之所以具有丰富创造力的根本原因，没有个性的存在，没有个性表现的自由，就不会有创造力。

再次，轻松学习需要培养孩子的记忆力。许多家长认为，人的记忆力是天生的，无法培养。事实上，这种说法是错误的。没有一个人在生下来的时候就认识他的家长。他之所以能够认识自己的家长，是因为家长经常和他在一起。因此，人记忆力的好坏不仅与遗传因素有关，更重要的是和记忆的条件、记忆的方法有关。许多家长以为孩子记忆力不佳是资质比较愚钝，其实不然，大多数孩子记忆力差，是因为没有掌握记忆的规律，缺乏正确的记忆方法。只要家长有意识、有目的地加以培养，任何健康的孩子都是能够提高记忆力的，高效的记忆会提高学生的成绩。

最后，轻松的学习就要从压力中走出来！当自己的孩子感觉学习压力大时，告诉他们让他们自己彻底放松，从学习的压力中走出来。这时，可以听听音乐、做做运动，也可以出去散散步。

让孩子轻松地学习才会有快乐，同时，轻松地学习，也会使孩子的学习效率更高，学习效果更好。也只有在轻松的状态下学习孩子才能不被学习所奴役，才能发现学习的兴趣。

不规定具体时间，写作业心甘情愿

有一个妈妈曾介绍经验：她的孩子以前老是爱看电视，不知不觉就忘了写作业。等到想起来的时候已经很晚了，又害怕明天挨骂又想睡，结果哭了一场。

"哭也还是要写呀，不然明天老师就要批评你了。我们陪着你写，好不好？"妈妈主动提出来陪女儿写作业，好让她尽快投入到解决问题的行动当中，而不是把时间浪费在哭上。

"既然已经这么晚了，你写作业的时候要快也要好。如果草草写完，明天照样挨批，还不如现在就去睡呢。要写就把它写好了，这才值得。"女儿终于耐着性子把作业写完，安心睡了。

第二天，女儿回家，朝妈妈坏坏地一笑："幸好昨天做完了，老师今天对那些没写作业的同学可凶了，罚他们回家把昨天的作业写 10 遍。"妈妈听了笑着说："昨天的滋味不好受吧。往后我们规定一个写作业的时间，平时分成两个，为看电视前和看电视后，周六和周日，就在早上、中午和晚上之间选择。当然啦，这个是由你来做决定的，你挑吧。"

吃过昨天的亏了，女儿当然心甘情愿地选择看电视之前写作业，周末，她有时候会和朋友出去玩，所以都选在早上早餐后做作业。就这样，这个女孩每天都很自觉地在看电视以前把作业做完，周六日吃了早餐也不要父母催，乖乖回屋写作业了。

上面的这个家长，最贴心的地方就是让女儿自己选择做作业的时间。一个人只会对自己的选择心甘情愿，如果可以选择不做作业，孩子们多半会选择不做，但是他们没有这个权利。在做作业上，他们完全不能还价。所以，在何时做作业上，家长们不妨"放权"，让孩子们自由选一个做作业的时间。

可能有的家长会担心：让孩子自己选时间，他们肯定会选越晚越好，能拖就拖。其实这是不信任孩子的表现，在你放下权力的时候，孩子能感受到你对他的信任，这其实是在强化"作业必须做"的意识，他们自己去选择时间，自然就会按照那个时间来做。如果孩子真的"厚脸皮"，出尔反尔，那多半是因为以前家长在他的面前做过这种说话不算数的事情。

分析一下孩子的心理，我们就能明白为什么他们不喜欢做作业。中小学生的作业往往是"抄十遍""做两套试卷"这样简单、重复的事情，缺少乐趣，单调乏味。孩子们实在难以拿出热情来爱上这样的作业；另一方面，孩子们的自觉性不高，也不能认识到学习对自己人生的重要性，脑袋里面就想着玩，让他们去做作业，简直就是压抑天性，何况老师和家长都是以命令的语气来告诉他们，要做多少，怎么做，何时交上来，就跟交房租时的心情是一样的。

对很多孩子来说，家庭作业犹如一场战争，既要和自己的惰性较量，又要和家长、老师较量。作业做得不好，孩子要挨批，家长看着也生气。想要让孩子爱上写作业很难，但是想要让孩子自觉地做作业，不推三阻四，不敷衍塞责，也是有办法的。那就是让他自己选择做作业的时间，这一点很重要。

当孩子忘记做作业的时候，先不要提醒他，假装自己也忘记了这回事。等他自己想起来的时候，家长再出来"救场"，孩子才会教训深刻。如果他决定不做作业，那也不要紧张，明天他就会为自己的这个决定承受代价了。这是一种成长的经历，家长们就做一个冷酷的"看客"好了。

把学习的时间交给孩子去选择，是在鼓励孩子自己决定自己的生活。何止学习的时间可以让他们自己选择，穿哪种颜色的衣服、看什么样的课外书、参加何种兴趣班，这些都可以让孩子们自己去选择。我们都知道"强扭的瓜不甜"，也听孩子说"我的地盘听我的"，何不做个顺水人情，让他们自己安排生活呢！家长们也乐得清闲，不为写作业这件事发火闹心，自己做自己的事情。这样的方法才是一劳永逸的。

把学习做成一场表演，让孩子在角色中学习

歌德是德国最伟大的诗人，是德国乃至整个欧洲著名的作家，还是一位多才多艺、知识广博的艺术家和科学家，备受世人的尊敬。他 8 岁能阅读德、法、英、意大利、拉丁、希腊等多种文字的书籍，14 岁开始写剧本，25 岁用了 4 个星期完成了风靡全球的小说《少年维特之烦恼》。人们称歌德为天才，这个天才的出身很普通，不过他有一对不一样的父母。

1749 年 8 月 28 日，歌德出生于莱茵河畔的法兰克福。父亲曾获法学博士学位，当过地方官。歌德小时候常和父亲去林中散步，背诵大自然的诗歌，认识动植物；稍大一些之后，父亲带他

到各地旅游，走到哪里，父亲都能介绍出当地的历史、风土人情。

歌德家常有宴会，当然都是为孩子们举办的。这时歌德被允许站在椅子上，面对观众做演讲。他从结结巴巴、词不达意，慢慢变得口齿伶俐、声情并茂起来。

歌德的母亲是当地市长的女儿，她爱好文学，喜欢给孩子讲故事。有时到了关键处，家长故意停下来，要歌德设想接下来发生的事。母亲请人在家中演木偶戏，看完之后，歌德就和其他孩子兴致勃勃排演这个剧目，他们背诵台词，准备道具，慢慢发展到自己写剧本，扮演角色。

歌德后来在回忆录上写道："这种儿童的玩意和劳作从多方面训练和促进了我的创造力、表现力、想象力以及一种技巧，而且是在那样短的时间，那样狭小的地方，花那样小的代价，恐怕更没有别的途径能够有这样的成就了。"

很多家长说，孩子学习很用功了，但就是记不住东西，于是怀疑是营养跟不上，买了很多号称"增加记忆力""提高学习效率"的营养品！但结果是孩子的体重上去了，学习成绩没有上去。

有没有不花钱但又能让孩子爱上学习、增加记忆力的办法呢？这也是有的，可以从世界著名的博学之人歌德的成长故事中得知。

无论是到林中散步，还是自己想故事或自己扮演角色，歌德所接触到的教育都是能够亲身参与、身临其境的。在学习的时候，他调动了自己的感情、语言、动作，全身心地投入其中，所起到的效果当然要比死记硬背好得多。歌德学习的时候并不是为了记忆知识，却达到了牢记知识的效果，这种高效的学习方式，未尝不可借来一用。

孩子们现在会接触到很多人文知识，从历史到政治、地理，信息量很大。而他们的人生经验很有限，也没有时间去名胜古迹旅游、去剧院一一观看历史剧，更不可能为了学一段历史就去守着相关的电视剧看，何况电视剧中有很多的演绎成分，会混淆孩子的历史观。这时候，家长们就可以和孩子做角色扮演的游戏，比如今天学了唐朝的藩镇割据，就可以找出安禄山、唐明皇这些角色，帮他们设计台词，给他们一个画地图、指点江山的地方。当然，还可以发动爸爸、爷爷、奶奶等一起参与其中，让整个故事更加丰富、复杂。

当然，孩子们要背诵的不仅是历史知识，还有政治上的一些常识。很多学校都会在学校展开"模拟法庭"，让孩子们扮演被告、原告、律师等，这也是一种角色扮演的教育方法。家长们在家里，可以把场景和道具都改变一下，比如从民事案变成刑事案，加深孩子对知识的理解，那样他们才能掌握更好地掌握一门学问。

事实上，在很多欧洲国家，以及日本、韩国，这种角色扮演的活动是学习的重点，很多家长都必须为孩子准备好表演的道具，有时候家长也必须到学校去参加各种表演。如果谁的家长没有去，校方就会认为家长不支持教育，孩子也会因此而感到自卑，在同学面前抬不起头。

如果家长觉得角色扮演的做法太可笑了，大人怎么能和孩子一起疯疯癫癫，那将会非常遗憾，孩子因为家长的这个想法，错过了一个好玩又有意义的学习过程。任何学习的方式，都比不上身临其境、设身处地地思考，他在背诵上花了好几小时，不如花一点时间扮演一回大唐皇帝。而且整个家庭的氛围都会变得活泼、快乐起来。

很多家长为了孩子可以什么都不要，却不能为了孩子扮演一个虚构的角色。在成年人的眼中，很多事情都没意思、太可笑，但在孩子的眼里，恰恰是那些游戏最能带给他们快乐。如果你真的是一个爱孩子的家长，就要下决心去改变自己的想法，做真正能帮到孩子的事情。相比孩子记不住知识的沮丧和自卑，家长偶尔"疯狂"一把又算什么呢?

学习遇到瓶颈时，多动心力而不是体力

张琦是某重点高中三年级的学生。他认为自己属于那种学习不很卖力又有些小聪明的学生。高一、高二学习马虎，对待老师、家长的批评是"虚心接受，坚决不改"，但成绩都能保持在班级 10 名左右，发挥较好时甚至能进入班级前 5 名。父母亲戚、老师同学都说他学习潜力很大，上高三后会进步很快，可望进入

国内一流名牌大学，甚至可以向清华、北大冲刺。对此，他也颇感自负。

进入高三后，他真的洗心革面，抛弃以前的所有陋习，全身心拼了起来。可是，暑期到现在，两个多月了，每次考试还是10名左右，最近一次考试排班级19名。这样的成绩，考清华、北大甭提了，就是进重点大学都有问题。家人着急，他自己也"头悬梁、锥刺股"，靠补品支撑着熬到深夜一两点钟。可是成绩并不呈上涨势头，而且一拿起书本头就嗡嗡直响，听课时也会莫名其妙地走神，注意力总集中不起来，好像有劲却怎么也使不上。张琦开始怀疑过去对他"聪明"的评价是对他的嘲讽，怀疑自己的潜力已挖掘殆尽。

张琦遇到的这种现象是一个很普遍的问题，很多孩子会在一段时间出现学习和复习效率停滞不前，甚至对已经学过的知识还感觉模糊，有时头脑昏沉，心情烦躁，学习效率降低，越学越没有劲头。这种学习进步的速度减慢甚至停滞的现象在心理学被称为"高原现象"。例如：当掌握的词汇量达到3500～4500的时候，就会出现第一次高原现象，平均滞留时间为8个月左右；达到6500～7500时，出现第二次高原现象，平均滞留时间为12个月左右；当词汇量达到了9500～10500的时候，第三次高原现象就出现了，平均滞留约18个月。

高原现象的产生也是多种多样的，具体来讲，当学习一段时间后，好奇心已满足，学习兴趣减弱，学习动力随之下降；也许目前使用的学习方法已不再适应这一阶段学习的要求；也许是生理与心理的双重疲劳；也许是原来形成的知识结构网络不适合进行新的学习……诸多因素，致使孩子的学习停滞不前。

高原现象是学习成绩一时性的停顿现象，它与生理的极限和工作效率的绝对顶点是不同的。当孩子学习成绩暂时停顿的时候，家长首先要明白，"高原现象"不等于"学习的极限"，是一种正常现象，如同运动员在长跑中会出现极点一样。家长不必慌张，不要逼迫孩子加大学习力度，更不要责怪孩子不够努力。你的不理解只会增大孩子的压力，起到阻碍孩子突破瓶颈的作用。

要想帮孩子不慌不乱地越过"高原"，家长首先要鼓励孩子再坚持一下，学会为自己加油，增强信心，这种感觉就会消失。用一种平和的心境看待它，告诉孩子在合适的时候学习合适的内容。比如，早晨可用于早读，中午休息，下午整理消化当天复习内容，晚上3门学科交叉系统进行。尽快把头脑中较为混乱的知识排序重新组合，通过比较、分析、归纳、概括等手段，使自己已有的知识系统化，这样可以避免在知识调用时出现混乱，人为造成"高原现象"。当然，更重要的是要陪孩子一起放松身心。可以谈谈心，一起打羽毛球、出去旅游等。

一时的停顿会让孩子有些泄气，但聪明的家长会帮助孩子走出困境，让他感受到学习中的突破带来的更大乐趣。越过"高原"后，孩子才知道学习并不是件困难的事，再大的瓶颈也是可以跨越的。

"减压"比"拼命学习"更重要

青峰的父母在社会上都是有头有脸的人物，他们对青峰倾注了很多心血，同时也为青峰设置了极高的标准。在学习上，青峰必须争第一，在父母眼里，第二都不是优秀，只有第一才是赢家。为了达到这个目标，青峰从小学习时间就长过其他孩子，他没有时间看动画片，没有时间出去游玩，放学后不是参加补习班，就是到钢琴教室弹钢琴。青峰是个懂事的孩子，为了自己能使父母感到欣慰，他卖力地学习，所以，从小学到初中，他的成绩都很优异。但是，俗话说："打江山容易，守江山难"，好马也总有失蹄的时候，青峰偶尔也会失去第一名，而这种时候，父母就对他冷言冷语，怪他懒惰不知上进，逼他增加更多的学习时间……在越来越多的学习时间中，在越来越大的压力中，青峰的学习成绩反而越发不稳定了，第一名的次数越来越少，青峰的学习后劲也越来越不足，看着同学们都在进步，而自己却不进而退，他心里产生巨大的挫败感和失落感，同时，本已经受伤的心还要面对父母越发严厉的批评，青峰最终崩溃了，他变得暴躁不安，情绪波动很大，并且经常失眠。他听不进去父母的话了，也不跟同学老师来往，把自己封闭起来。这样的状态深深影响了青峰的身体和心理健康。最终，他中考一败涂地，没有考上高中。

俗话说，井无压力不出油，人无压力轻飘飘。适当给孩子施压是应该的。因为望子成龙是每个家长的愿望。可凡事有个度，过重的压力会让孩子感觉到生命所不能承受之重，出现逆反心理，反而事与愿违。父母给予青峰的巨大学习压力，是青峰身心受损的最根本原因。要想避免这种不良后果的产生，父母就该改变"压力越大，效率越高"的错误观念。因为如果人的压力过强，就容易变得紧张，思维局促，甚至在极端的情况下，大脑会一片空白，这样的情况，当然不利于发挥水平了。只有在压力适度，人比较放松的情况下，人的能力才会得到充分的发挥。

从前，在山中的庙里，有一个小和尚被派去买油。在离开前，庙里的厨师交给他一个大碗，并严厉地警告他："你一定要小心，绝对不可以把油洒出来。"

小和尚答应后就下山到城里，到厨师指定的店里买油。在上山回庙里的路上，他想到厨师凶恶的表情及严厉的告诫，越想越觉得紧张。小和尚小心翼翼地端着装满油的大碗，一步一步地走在山路上，丝毫不敢左顾右盼。很不幸的是，他在快到庙门口时，由于没有向前看路，结果踩到了一个坑，虽然没有摔跤，可是却洒掉了 1/3 的油。小和尚非常地懊恼，而且紧张到了手脚开始发抖，无法把碗端稳。等回到庙里时，碗中的油就只剩一半了。

厨师拿到装油的碗时，很生气地指着小和尚大骂："你这个笨蛋，我不是说要小心吗？为什么还是浪费了这么多的油，真是气死我了。"

小和尚听了很难过，哭了起来。

一位老和尚听到了，就问了是怎么一回事。知道了事情的经过，他就去安抚厨师，并私下对小和尚说："我再派你去买一次油，这次我要你在途中多观察你看到的人、事、物，并且回来后详细地描述给我听。"

小和尚想要推掉这个任务，说自己油都端不好，根本不可能既要端油，还要看风景。不过，在老和尚的坚持下，他只好勉强答应了。

在回来的途中，小和尚发现，其实山路上的风景真是美丽啊。远方有雄伟的山峰，不远处有农夫在梯田里种地。走不久，又看到一群小孩在路边的空地上玩得很开心，而且还有两位老先生在树下的石凳那儿下棋呢。小和尚就是这样边走边看风景，不知不觉地就回到庙里了。当小和尚把油交给厨师时，发现碗里的油依然满满的，一点都没有洒掉。

家长对孩子的教育也应该这样，给孩子要求，但是不要给孩子太大的压力，孩子才能心情放松地去学习和生活。心理学家认为人的各种活动多存在一个最佳的压力水平。压力不足或者过分强烈，都不是一种好现象。比如，一个整日混日子，没有什么理想的学生，很难有学习的兴趣；而一个对学习抱有太大的期待，过分追求学习功利性，学习压力过高的学生，势必会为自己制造巨大的压力，最终影响到他的学习效率，而学习效率的下降，反过来又会增加他的压力。

压力过强和过弱都不好，那么什么样的压力水平才是最适度的呢？美国心理学家耶克斯和多德森认为，中等程度的压力激起水平最有利于效果的提高。所以，当孩子的压力超过中等程度时，家长记得要帮孩子减压，可以从以下几个方面做起：

1. 当学校老师为孩子施加压力，让家长监督孩子学习时，家长最好不要让老师牵着鼻子走，而要做到"不管"和"不说"。孩子们已经够累了，就让他们在这种"不管""不说"中学会自我监督、自我放松吧！

2. 无论家长有多紧张，都应该尽量避免在考试期间，与孩子发生情绪上的冲突，增加孩子的压力。

3. 确保孩子作息正常。考试压力过大的孩子可能会在考试期间或者备考期间出现乱发脾气、头痛、发烧、肚子不舒服，甚至失眠等状况。调节孩子身心平衡，让孩子和平时一样吃好睡好，维持正常作息，孩子才能处于最佳状态。

4. 和孩子一起做运动。适当的运动，能够让孩子的紧绷状态松懈下来。几分钟的深呼吸，10分钟的暖身操，花半小时去游泳、跑步，到公园散布，都是很好的解压方法。

饭后学习效率低，不如轻松小憩

很多人一谈到读书学习，总是强调"勤奋是成功之母""手不释卷""一寸光阴一寸金，寸金难买寸光阴"之类的名言。不能说这些名言没有道理，但真理向前多跨一步就可能成了谬误。勤奋程度大小、学习时间长短在一定范围内与成绩成正比，但绝不是越勤奋刻苦、学习时间越长，成绩就会越好。

小海今年升入初三了，他刚吃完饭准备看一会儿电视，这时正在厨房洗碗的妈妈说："初三了，学习这么紧张，不要看电视了，快去做功课。"小海只得无奈地走到书桌旁去学习。但是小海一看见书就发困，他强迫自己看书，但是眼皮却一直往下跌，实在困得不行了，小海就趴在桌上小睡一下，谁知道家长进来看见了，给小海劈头盖脸一顿说："你这孩子怎么这么不上进，叫你别看电视争取时间学习，你就在这里睡觉，人家其他同学这个时候肯定都是抓紧每一分钟努力学习呢，你还在这里浪费时间，看你考不上高中怎么办？"小海听了家长的话觉得很委屈，对家长说道："我又不是故意要睡觉的，但就是困啊！我已经尽力强迫自己看书了，你一点也不体谅我！"母子俩争执完后，小海继续看书，但是现在他更看不进去了，这一晚上的时间就这样浪费了！

很多家长盲目要求孩子抓紧时间学习，而不重视学习效率和学习状态，造成孩子的学习事倍功半，甚至引起孩子的厌学情绪和不自信。就像上文中的家长，逼迫孩子饭后立马学习，结果得不偿失，这不能怪孩子，因为事实上饭后马上进入学习状态是不科学的。生理学上说，吃完饭之后，胃部需要大量的血液来消化、吸收刚吃过的食物，由于大量的血液参与胃部消化，大脑就会缺少血液供应，处于不清楚的状态。人们就表现出想睡觉、犯迷糊。如果此刻坐在书桌旁学习，学习效率会很低。而长此以往，对身体健康也不利。

一般说来，孩子持续学习时间越久，则疲劳强度越重，要消除疲劳就越不容易。如果孩子感到累时适当休息，不但可以迅速消除疲劳，头脑清醒了，也更易于接受理解新知识，学习效果好了，孩子的心态、信心也会大大的振奋。反之，如果家长不忍心"浪费"这宝贵的时间，当孩子已经头昏脑涨了，眼睛干涩难忍了，还要他"坚持"学习，此时大脑反应迟钝，对知识的理解力差，不仅学习效果不佳，更令孩子身心受损。

列宁说过："不懂得休息，就不懂得工作。"学习本身就是一项复杂的脑力劳动，而大脑是唯一能够进行学习和思维活动的器官。要使孩子的大脑保持清醒，并在学习中维持一种兴奋状态，就必须确保每天有充足的睡眠和休息时间，因为休息可以使脑的功能得到最大程度的恢复，这样才能最大限度地提高学习效率，而不会白白做一些无用功。

为了提高学习效率，让孩子的大脑保持清醒的状态，家长就要帮孩子平衡好学习与生活，为他合理安排适当的休息时间，让孩子做到劳逸结合，张弛有度。

1.确保足够的睡眠时间。生理学家研究表明，中学生夜间睡眠必须保证 8 ~ 9 小时。因为充足的睡眠对于学习最少会带来两个方面的益处：可以更好地巩固记忆，防止学习结束后带来的记忆干扰和记忆衰退；能更好地恢复记忆。

每天晚上早点睡觉，保证足够的睡眠，能让大脑得到充分的休息，第二天早起，早晨空气清新，头脑清醒，此时学习效率较高，而且，上课不会犯困，听课效果就会较好。这样才能为好成绩开一盏绿灯。

2. 学会间隙休息。休息可分为安静休息、活动休息和交替休息。安静休息是指睡眠和闭目养神。活动休息也称积极性休息，如散步、打球和轻微的体力劳动等，也可以是与他人聊天。交替式休息是指将各种不同性质的学科交叉在一起来学习，如文、理穿插复习，这样，大脑皮层的神经细胞不仅不会疲劳，而且还会有相互促进的作用。

3. 用体育锻炼来调节。给孩子制定一个体育锻炼时间表，或者利用好学校安排的优育活动。比如：认真上好课间操和体育课。这段时间就是专门用来锻炼的，既然无法做其他事情。与其马马虎虎对待，不如积极认真锻炼，达到健身的目的。周末假日，可以多带孩子到户外锻炼或野外踏青，和孩子一起打羽毛球、散步等。

4. 音乐可消除疲劳。在消除疲劳过程中，情绪因素很重要。积极向上、乐观、愉快的情绪能加速消除疲劳。优美的音乐能振奋情绪，引起轻松愉快的感觉。学生在学习间隙或学习之后，可以通过听音乐来达到消除疲劳的目的。

需要注意的是，所听音乐最好是没有歌词的。因为文字信息进入大脑，会影响大脑的休息；听音乐时不要想其他的事，必须陶醉于音乐中，这样才能完全放松，使疲劳得到彻底的消除。

07

态度矫正：

让孩子明白为自己而学习

只具有智慧是不够的，还需要自律

  人们对一些尽管其能力足以完成学业，但在学校却是不成功的学生存在着明显的困惑和不解。一个孩子要取得优秀的学业成绩必须具备两项特定的素质，一项素质是必须具有智慧能力，但只具有智慧是不够的，还需要有自律这项素质。一个有能力的孩子也许并不自律，而自律对于日复一日地克服某些他认为痛苦和困难的事情，是必不可少的。

  智力和自律并不是经常地联系在一起。一个孩子常常是具备一个方面而缺乏另一个方面，偶尔会有一个并不聪慧的孩子通过努力奋斗而取得高于预期的成绩，这种现象叫作超常发挥。与此相反的情况要普遍得多，称之为未尽力发挥，其典型表现是一个孩子有很大的智能潜力，但他却坚持将它浪费掉。

  我们常常没有认识到学习需要艰苦的努力。让我们来了解一下一个中学生每天的家庭作业有什么要求。他在学校完成一天的学业回家后还必须明白老师的要求是什么，包括作业的页码及其他细节，由于书本太多书包装不下，还必须记得把该带的书本带回家。他必须在晚上关掉电视机，不理会电话，如果家长有打麻将的恶习，他还必须得忍受麻将或居室附近其他的噪声，必须在足够长的时间内集中精力以便正确地完成作业，还要将做好的作业带回班上交给老师。他必须记住所学的东西，直到下次考试乃至升学考试结束，而且必须坚持经常不停歇地一次又一次地复习。达到这一点要求的不仅仅是能力，还意味着他能日复一日周复一周年复一年地发奋学习。有些孩子在小学的各个学年都很成功，但后来便放弃了努力。据估计75%的学生在升至初中或高中的某个时段都经历过学业滑坡。尽管这现象屡见不鲜，但无论是学校还是家庭都没有做好应对的准备。

有的父母对他们未尽力发挥的孩子会有以下3种反应。一是将问题当作是由孩子的冥顽不化来处理。父母可能会恼羞成怒肆意贬损孩子的人格或对孩子做出某种惩罚。这种反应不太可能促使孩子努力读书。在这样的情况下学校会对孩子进行大肆威胁，这也几乎没有可能使孩子更加勤奋。第二种反应是给孩子许诺远期"贿赂"，这种远期"贿赂"也照样不会有用。推迟强化等于没有强化。第三种反应是："他有时必须学会承担责任！我总不能老在那里帮他，所以，这是他自己的问题。"

如果父母每天处理这一问题的时候所抱的态度是不现实的，学校也不可能更有帮助。老师也许会说："不必担心这一点，孩子的年龄已经到了能够解决这一问题的时候。"这恐怕是对孩子的最大的谎言。孩子通常并没有成熟到足以解决这一问题。一些人观察到大多数未尽力发挥者有"终身"麻烦，他们常常做任何事都马马虎虎、杂乱无章。只有具备一种持久的品性，才能艰难地做到符合课堂的要求。

孩子们像所有年龄阶段的人一样，都希望能成为一个负责任的人。他们希望感受到做对事情所带来的欢欣和尊严。在学校中失败的人常常是最悲惨的，但是他们又无法用自律来克服他们自身的惰性。

对犯有这种症状的孩子有两种矫治方法。一是父母深深地投入到孩子的学校功课中去，使他除了完成功课外别无选择。只有学校经常与父母交流学生作业的各种情况，这种方法才有可能行得通，因为小家伙们肯定不会传递这种信息，特别是青春期的孩子，他们会千方百计扰乱家庭的沟通。

此外，在百分之百需要自律的领域，父母应该提供支持。晚上学习时间应该具有高度统筹性，例行学习时间不被干扰或尽可能少的干扰。父母必须知道给孩子布置了什么作业以及怎样检查已完成的作业。美国斯坦福大学"家庭·儿童·青年研究中心"正在进行的研究发现，能帮助未尽力发挥者提高成绩的一项方法就是父母参与进去，有规律地鼓励孩子，表扬做得好的事情，及时给予有意义的帮助，孩子学习成绩往往会上升。

做到这点并非易事，父母的热情参与很少能坚持两周以上，因为很多父母本身就缺乏那种不可缺少的自律，必须有某种办法补充父母的努力。

未尽力发挥者常常会在一种即时强化机制下取得成功，如果孩子对学校的奖赏与激励无动于衷，那么他还需要增加一些激励。哪怕是非常小的进步，也应该给予报偿。不要等到孩子期末考试得了 A 才给他奖励。你也许认为这是对孩子在进行贿赂，但只要为了孩子的学业能有一个好的成绩，试试又何妨呢，对猫的评判标准是抓住耗子的就是好猫，我们对孩子的教育方法也应该解放思想，能使孩子尽力发挥取得好的学业成绩的就是好的方法。

小君是一个典型的未尽力发挥者，正在留级读二年级，他的动力已被早先的失败扼杀，他现在什么也不想干。他的妹妹也在读二年级，她在小君留级的同年升入了二年级，而且，她还是一个学习尖子。而与此同时，小君却深深地陷入了学业绝望的泥淖之中。

专家在与小君的母亲商议后，就一套在家里实施的激励方法达成了共识。在共同商讨的基础上，小君的母亲很快制作了一个图表。

小君每随家长花 5 分钟时间做当周的词汇拼写作业，他就可以在图中用彩笔涂掉一个空格。当所有空格都涂满时，他就可以得到一个新自行车座。同样，他每做 10 分钟的算术题也可以涂掉一个空格，50 个空格涂满后就能得到机会跟爸爸一块去玩一次保龄球。小君的家长认为阅读是他最大的障碍，应该给予最大的奖励，于是确定阅读课的奖励是上游乐园玩一天，但这一奖赏需要付出更大的努力才能得到（涂一个空格得需要完成 15 分钟的阅读）。

由于每一个小的奖励都很明确具体，可能很快获得一个又一个愉快的奖励，而且学完还有一项大奖在等着，小君很快领会到了这一游戏的激动人心。他放学后急着赶回家，跟家长一起做作业。以前家长没有办法让他打开书本，但他现在取得了出人意料的效果。小君的家长第一个星期就打电话给专家，抱怨只要小君在家里，她就无法完成自己的工作！

不久之后，奇迹出现了。小君开始学习，尽管学习并不是他的真正用意。他第一次在周试中正确地拼写出了全部单词，享受到了由此而来的成功喜悦。当班上讨论他知道答案的算术题时，他会拼命地举手要求得到证明他的知识的机会。他的阅读进步显著，老师把他从阅读慢组中调了出来。尽管小君没有刻意追求，但他还是发现了学习的乐趣，失败的恶性循环被打破了。

如果认为所有的学习问题都能像小君那样轻松地解决那就错了，有些未尽力发挥者是无法用这种方法解决的，没有任何东西让他们开窍。但是强化原理还是提供了进步的最佳可能性。这种方法已在全世界得到采用，常常会取得显著效果。

怎样让孩子学会自觉地学习

"我的孩子凡事都提不起劲"，"都要考高中了，孩子还不懂得自动自觉地读书"，"孩子的成绩不好，我为此请了家庭教师，可是他自己却不用功，补习费等于白花了"。这是一般父母经常面临的烦恼。在这些问题中，也不乏杞人忧天的父母，比如说，父母担心孩子要考高中却还不用功，事实上，他们的孩子，现在还不过只是初中一年级而已！孩子没有干劲，主要是由以下几方面因素造成的：

孩子并不是很需要太多的干劲时，父母却强求他能干劲十足地去面对功课的挑战，孩子就会显得没有干劲。无论如何，一定要让孩子自己能产生目的意识，认为这件事努力去做很有必要。这才是支持干劲存在的主要原因。

一件事做了之后对自己并没利益时，孩子也会提不起劲。报酬并不单指具体的物质或金钱，还包括此种行为能被肯定的精神性报酬。同时，当孩子产生这件事自己办不到，或是这件事太困难等先入为主的想法时，也会失去干劲。不管任何事，只要能产生自己去做便能完成的达成感，就会成为支持孩子干劲十足的一个重要原因，这就是"达成原则"。

一件事并不困难，完成之后也可得到报酬，可是有些孩子因为对此不感兴趣，所以不愿去做。反过来说，一件工作完成之后没有报酬，还加上有一点困难度，但若是孩子对它感兴趣的话，仍然会干劲十足。

一件事就算拥有强烈的目的意识，完成后可得到报酬，也能享受达成感，然而工作者已对它产生厌烦之心，也无法持续干劲。认为自己已没有再做下去的必要，这种自大的心态，也是干劲的大敌。此外，太容易的功课或是要求的水平太低，也会使孩子无法产生干劲。

那么，怎样使孩子增添干劲呢？

如果你仔细观察用餐时的状况，便会发现成人和孩子间有一个很大的差异，那就是成人一般都会将自己喜欢的菜肴留待最后再吃，而孩子却往往由自己喜欢吃的菜开始吃。孩子的学习也存在这种心理，每当遇到自己不喜欢的科目时，便会在课堂上打瞌睡，所以总是挨老师的训斥。孩子做功课总是先做自己喜欢的科目，而留下不喜欢的科目，这样那科目自然一直没有起色。遇到这种情况，不妨让孩子先做完自己不喜欢的科目，再做自己喜欢的科目，这样才能较好地克服避免不喜欢科目的心理。因为孩子若不先把不喜欢的科目做完，便不能做自己喜欢的科目，于是只有硬着头皮向讨厌的科目挑战。一般来说，孩子从自己讨厌的科目做起，做完之后再做喜欢的科目，这样更能提高孩子的学习欲望。

有时，孩子不想用功做事，不想用功读书，不想帮父母做家务，这时，最好利用"同步心理"让孩子去做原本不想做的事。举例来说，当迷你裙流行时，许多女性不管自己的腿部曲线是否修长，都纷纷一窝蜂赶时髦。这种和其他同伴一样心态的想法就是一种"同步心理"。人都有"同步心理"，喜欢和他人有相同之处，以免受到朋友的排斥。

孩子的生活领域比起成人的世界，"同步心理"所占的比例更大，对孩子来说，没有一件事会比离群的感觉更可怕。例如，孩子央求父母买某种东西，而父母不答应时，他便会理直气壮地问道："人家隔壁的小明都有，为什么我没有！"这是孩子最常使用的"理论"。做父母的不妨用这种孩子唯恐离群的不安心理，用这套方法激励孩子用功，可以说是以子之矛攻子之盾，这样能迅速击中孩子的心理，使其主动学习上劲。此外，这种方法也可以用在其他方面。比如说，孩子不愿帮忙做家事时，可以对他说："隔壁的小明都会帮忙做家事呢！"相信大部分的孩子在听了这句话后，都会很乐意协助母亲的。

不要为孩子安排过于舒适的环境。有位小学四年级的小男生，他是家中的独生子，生性活泼，经过智力测验发现，他的智力比同年龄的孩子高出甚多，他的父母和祖父母都深深地以他为傲，决定要给他一个最好的读书环境。这位男孩子非常幸运地诞生在一个经济环境很好的家庭中，与学习有关的生活条件一样不缺。但是意外地，他却慢慢开始改变了，读书虽然仍旧认真，但总是少了那么一点干劲，不再有向功课挑战的心了，成绩也逐渐退步了。后来经过专家分析，认为主要是由于物质环境太好的缘故。如果对一切都很满足，就不会产生打破现状、努力突破的前进欲望。

一般来说，欲成就大事业，便需要有"吃苦精神"。孩子自然也不例外。而能克服障碍或逆境的精神动力，往往会在过于满足的生活中，受到侵蚀而不自知。

要经常鼓励孩子的自信心。孩子考试成绩不太好，心里很难过，再加上怕父母训斥，心里一定会忐忑不安。这时，如果父母再鼻子不是鼻子，脸不是脸地训斥一顿，效果不但不好，反倒还会产生反作用，使孩子丧失自信心。作为母亲应轻描淡写地说："我相信以你的实力，应该可以得到更好的成绩，这次考试大概没有完全发挥吧！妈妈相信你日后一定会大有作为的。"这样孩子不但不会丧失自信心，而且还会增加干劲，发奋图强，比把孩子训得发怵好得多。

为人父母者，若能经常引发出孩子的潜在能力，孩子的成长有时会出乎父母的意料之外。对于看轻自己的孩子，这种鼓励方式，无疑是最有效的。

父母要慎说"反正"或"还是"。当孩子递给你一张满红的成绩单时，相信有不少的母亲，为了安慰沮丧的孩子，会无意识地说"没关系，反正这个科目你不行"，或"还是跟上次一样的低分数"，做母亲的也许是为了安慰孩子，但这样的言辞，不但不会给孩子带来安慰或鼓励，反而会使孩子灰心丧气。

"反正"或"还是"，无疑表示要孩子放弃努力，若母亲经常把这句话挂在嘴边，当孩子想要做某件事时，心里就会升起"我反正做不成"或"大概还是做不到"的想法。这种不利的自我暗示，相当于不战而败，当然不可能会产生学习的干劲，面对任何工作，都会以马马虎虎的态度应付了事。

比如说，某次考试得了高分，就会认为"这次算我走运"，容易产生此种否定性的想法，纵使师长或父母夸奖他，也不会从心底高兴，更不会将此种夸奖，化为下次努力的能量。使用严厉责骂的方式，企图激发儿童的反抗心，使他产生干劲，往往会让孩子产生"反正我就是这么没用"的心理，这样无异给了他不利的暗示。父母对孩子说："反正……""还是"，即等于是向他宣布了，父母对你根本没有期望，一个相信自己没指望的孩子，是不可能产生干劲的。

怎样让孩子集中精力

孩子在学习时，有时注意力很不容易集中，眼睛盯着老师，听着听着，思想却不知溜到哪里去了，结果老师讲什么也没听清。做作业也是这样，注意力老是集中不起来，结果时间也花了，效果却很差。不少孩子都为此而苦恼。凡是注意力不集中的人，都会时间花了不少，却收效甚微。因为我们不论要看清一样东西，还是要听明白一件事，理解一个问题，都必须集中注意。如果没有注意，就会视而不见，听而不闻，食而不知其味。

俄国教育家乌申斯基就曾很形象地把注意力比作一座"门"，认为凡是从外界进入心灵的东西都要通过它。若不集中注意就等于自己把这扇"门"关闭了。外面的东西（比如你所要学的知识，老师所讲的话……）又怎么能进得了你的心灵呢？这样当然会对你的学习造成影响。要想克服注意力不集中的毛病，必须先找出造成注意力不集中的原因，有的放矢地去克服才会收到好的效果。注意力不集中大致有以下几种原因。

1. 外界环境干扰

比如，学习环境不安静，外面不时有汽车喇叭声、建筑工地的机器声、窗外行人的谈笑声、脚步声、音响声……一切与当前活动无关的外界事物都可以成为集中注意的干扰因素。如果你是由于这些因素造成分心的，那么对策就是要培养你的抗干扰能力。

有人说"心静，则境宁"，这是很有道理的。在嘈杂、吵闹、杂乱的环境下，首先自己要明白，绝对安静的学习和工作环境是没有的（你总不可能在密闭的隔音室里学习和工作吧），因此遇到环境干扰时，切记烦躁本身给注意力的干扰比环境的干扰更强烈！

做一些力所能及的改变环境的工作使它在一定程度上掩蔽外界的噪声，也能使人心情平和下来。例如可以清理一下桌面上和桌子周围堆放得乱七八糟的东西，还可以播放一些柔和的音乐等。

对所学的东西或所做的事不感兴趣。兴趣是推动人们去集中注意的重要因素。比如对感兴趣的电视节目，对感兴趣的小说往往就会全神贯注。相反，若对某种事物没有兴趣，就很难集中注意。如果是这方面的原因，你要想集中注意力就得培养自己的兴趣。为此你还得检查一下所学东西是否符合自己的水平，如果过深过难，恐怕还要补补基础，如果过浅，不妨请老师给点额外任务。

2. 自控能力差

自我控制能力是意志力的一种表现。需要我们注意的东西不一定是我们都感兴趣的。对于不感兴趣的事，我们必须经过意志努力，才能对它集中注意。所谓"与分心做斗争"，实际上就是靠意志力，还得加强意志的锻炼。

疲劳。过于疲劳也是注意力不集中的原因。因此，在感到疲劳时，与其硬撑，倒不如休息一下。休息后，往往由于精力充沛，注意力集中，工作和学习可以事半功倍。

3. 情绪波动

情绪波动也时常会导致注意力不能集中。比如，受到批评，会使人不高兴，或满腹牢骚，相反，有时太高兴，比如刚打胜了一场球而乐不可支。学习也是一样，在情绪波动状态下，要集中注意去做些即使平时很感兴趣的事，也是困难的。因此，遇到这种情况，一定要使自己的情绪安定下来，要"消气"。重要的方法是使自己的注意力尽快从引起情绪波动的事件上转移开去，待情绪平静后再去干应该干的事。

下面从一些具体的问题和不同的角度介绍一下让孩子集中精力去专心用功的方法。

1. 要让孩子有具体的时间观念

我们常说时间就是生命，时间就是金钱，耽误别人的时间就等于谋财害命。那么，对于孩子可不可以说，时间就是素质，时间就是业绩呢？答案当然是可以。不要让孩子总是对时间只有个大体的概念，而应该有更具体的时间观念。与其规定他每天读书到4点，倒不如规定4点15分，这么一来读书时间的长短，才更有具体性。换句话说，唯有透过严格的时间划分，才能让孩子了解他所拥有时间的重要性，也更能让孩子集中精力专心用功。

2. 闹钟决定读书结束的时间

世界上最残酷的刑法，大概就是要人永无休止地工作。正值爱玩耍年龄的孩子，之所以能在上课时安静地坐在教室中，能在考虑时集中精力考试，都是因为有下课铃之故。因为他们知道，只要铃响一切就都结束了。如果没有这种时间限制，只告诉孩子在今天要做这种考试，孩子绝不会产生认真答题的集中力。

当孩子在考试前，以不安的表情做最后冲刺时，不妨把闹钟设定好睡觉的时间，然后告诉孩子："今天晚上若不好好睡觉的话，明天考试时脑筋便会转不过来喔！"把闹钟当作是"睡眠钟"，指示孩子何时该结束读书上床睡觉。孩子在想到只要一听到铃声响起时就必须结束读书，便会不自觉地紧张起来，拼命地集中精力用功。

3. 让孩子内心充满宁静

所谓注意力涣散，指的是对于自己置身的状况感到厌恶，使得内心产生动摇。若是能"心静"地埋头于书本之中，便不会感受到痛苦。只要内心充满宁静，便不会产生注意力涣散的情况。

对于注意力涣散、无法专心读书的孩子，可以让他们暂时闭上双眼，静静地听时钟"滴答滴答"的声音，也很有效果。这种暂时的冥想，可以使人的心情平静下来，每天持续这样做，就可以培养孩子的集中力。

孩子坐在书桌前却无法集中精神用功，这大多是因为没有具体学习科目的关系，孩子只是在脑海中想着要读书的内容，因此精神无法集中。

遇到这种情形时，除了让孩子脑海中做思考作业外，同时也让他做具有具体形态的作业，这样或许能使孩子的精神集中。比如说大声念课文、抄写课文，这些作业本身就有助于精神集中。

4. 玩时要玩

到野外或游乐区时，往往可以看到一些带着书本去的孩子。其实既然出来玩了，就应该尽情地放松自己，孩子带书来，大概是不愿意破坏自己的读书进度。结果其他的孩子在开心玩乐时，他们由于担心着功课，所以等于没玩，这点父母应该值得注意。

这种难得的意志力，表面上似乎值得大为夸奖，可他们却忘了一点，制定工作或读书计划，只是一种使工作和读书有系统地进行的手段，而非目的。但像前述的例子，手段成为目的，如果不遵照读书计划来进行，孩子内心便会感到不安。当孩子无心读书时，若是只因预定的计划而逼着自己去书桌前，那么一定仍无法达到预定读书的进度。这时，不妨改变读书计划，孩子为了赶上落后的进度，便会自己找时间用功，把落后进度补回来。

读书计划表只是预定的，它是任何情况下都可变动的。比如说，平常孩子在放学回家后，总是按照做作业、复习、预习的顺序进行，有时刻意把这个顺序颠倒的话，也许更能集中精力去用功。告诉孩子"机会只有一次"。王山为孩子购买了多媒体课堂光盘，想让上初二的女儿利用电脑学习，可孩子在电脑上学了几次，却把光盘放在自己的书桌上，并没有如他想的那样使学习更进步。在她看来，反正是咱家的东西，早学晚学还不都一样。

这种"随时可看"的心理是夺去集中力的原因之一。如果切断了这种想法，孩子自然会产生集中力。

有一所幼儿园便是利用人的这种心理，而得到惊人效果的。这所幼儿园的园长热心地制作了幼儿教育的录影带，放给孩子们观赏，每天在看的时候，都对孩子们说每天只能看一次。如果孩子要求再看一次，园长绝不答应。

如此一来，原先存着好玩心理来看录像带的孩子们，由于影片只有看一次的机会，所以个个都专心地看。这种预先宣布的"限制效果"，在培养孩子的集中力方面，效果相当惊人。

刻意地让孩子做一些家事，乃是消除时间过于充裕的一种手段。因为心里想着时间不够用，人才会特别集中精神，培养孩子在短时间内做完一件事的习惯，对于增强集中力相当有效。

5."考前猜题"——省力读书

这里所指的"猜题"，并不是指投机性的行为或者类似赌博之类的东西。它是一种"省力读书法"，必须要具备相当的智慧和技巧。

　　所谓考试，就是要让学生知道从前所学过的课业，到底了解了多少、对重点是否能掌握。若能猜中题目，即表示孩子已掌握了学习的要点。任何知识都以死记的方式去读的话，便会完全没有乐趣。如果用这种方法读书的话，孩子自然会感兴趣，尤其是考期逼近时，没有充分的时间把每一科都仔细地读过，集中力便会随之降低。此时，母亲不妨告诉孩子不必全部记住，只要了解其中的重点就可以了。这样反而可以提高孩子的注意力。在掌握重点时，等于也把整体浏览了一遍，这样便建立了真正的功效。

　　用"仪式"使孩子快速进入学习状态。有一位书法家，在检讨最近的书法教育时，认为我们有重新评估磨墨意义的必要。他认为所谓的书法或习字，不光是为了要写漂亮文字，还有助于品性的修养，尤其是培养集中力方面，书法具有很大的效果。而研墨的步骤，最能培养此种修养。很多人写书法，只想尽快地写完，所以便使用方便快速的墨汁，这样等于是本末倒置。

　　这不是否定使用方便墨汁的价值，从教育方面考虑，这位书法家的话确实有其道理存在。其实不单是书法，其他像读书、修行、工作等需要高度集中精力的事，在开始进行前，借着一种固定的"仪式"，也可以使精神保持集中，更快进入这种状态。

　　因失眠而困扰的人，需有"就寝仪式"，每天在睡前做一些固定的动作，做完之后也许便会感到较容易入眠。孩子在念书前，不妨让他削铅笔或静坐1分钟，孩子便会在不知不觉中，进入容易集中精力的状态。

确实去做，什么时候都比想重要。

有一则寓言，说的是一头小毛驴，在它的旁边有两堆草，小毛驴看看左边这堆，觉得很鲜美，看看右边那堆，觉得也不错，是先吃哪一堆呢，小毛驴做起了激烈的思想斗争，可是斗争来斗争去还是决定不下来先吃哪堆好。最后，小毛驴因为决定不了先吃哪堆草而饿死了。当我们手上有数件工作，常常会令我们不知该先做哪一件才好。后来把心一横，索性不先考虑由哪开始做起，不管什么工作，先做了再说。

孩子面临的各科学习任务，各科老师留的作业，有时与我们大人碰到的问题十分相似。这时应该告诉孩子的一句话，就是确实去做，什么时候都比想重要。

用学习时间做标准不如用完成量来要求。孩子的集中力，并不是靠念多少时间书的限制产生的。我们只要稍加思索便可以知道，时间的流逝和孩子的集中度与达成度，是全然没有关系的。

尤其是平日就无法集中精力的孩子，这种方法更不适合。因为他们的注意力不集中，即使长时间坐在书桌前，也是一件无意义的事。甚至还会妨碍孩子的身心健康。如果要对这样的孩子以时间设定标准的话，只能以 30 分钟、1 小时极短的时间为单位。

但即使使用这种短时间的方法，孩子是否就真能集中精力，谁也不能保证。对这种孩子，与其用"时间"来做标准，倒不如以几页、几题、几十次等"量"做标准，还更容易使他集中精力。此外，再加上暗示他若是专心的话，便可提早完成，这也会成为孩子产生集中力的动机。

怎样排除孩子的厌烦感

在使孩子产生厌烦感的各种原因中，以"单调"为首要因素。连续做相同性质或简单的工作，最容易引起厌烦感。

此外，孩子不知道作业的意义、做不能自己想做的事时，也很容易产生厌烦感。

不单调、做起来也有很多兴趣，但"做的时间太长"也会使孩子厌烦。

以上诸项是造成厌烦的原因，如果父母能在事前便预防消除掉的话，孩子便不会对自己课业或学习的事物感到厌烦，而会长期地持续下去。

"单调感"和"做的时间太长"有出乎意料的密切关系。不论是多么富于变化性的作业，只要做的时间太长，便会陷于单调。它带来精神上的疲劳，远较肉体上的来得大。

话虽如此，但每个人对持久的界限并不尽相同。当一个人对某件事产生厌烦感后，可让他改做另一件性质完全不同的工作，让内心饱和状态消失，而产生另一种新的"空腹状态"。

对孩子如果能巧妙地排除"厌烦感"，则孩子"废寝忘食"

地努力读书，并不是不可能的事。

制定具体阶段性的目标，让孩子读书。从前在美国工厂，曾做过这样的实验——将从业人员分成两组，一组指定他们在一个月内，制造某一数量的产品，而另一组在告诉他们最后的目标时，也告诉他们每周必须达到什么目标。这项实验的目的，是调查给予目标方式不同，在工作效率上是否会有差异，结果前一组只达到预定目标的八成。而后一组却超出了预定目标。

人类在心理上觉得与目标的距离愈短，就愈有持续紧张感和动力。如在登山时与其鼓励对方"加油"倒不如告诉他马上就爬上一半了，这种"下限目标"会使他产生继续坚持的动力。

对一个做事感到厌烦的孩子，给予他下限目标要比鼓励他更有效。若是想让孩子读 1 小时的书，可以告诉他："试着读 30 分钟看看！"孩子会觉得这样的小目标应该不难达成，于是便较能接受。只要他持续的读了 30 分钟的话，再读个 30 分钟则并非难事。

巧妙地转变孩子的情绪，也是一种防止孩子产生厌烦感的有效方法。在孩子读书的休息时间，孩子大多只会坐在书桌前发呆，这样的话，刚才用功时的紧张感便会一直持续下去，休息等于毫无意义。

不妨让孩子做剪指甲、买笔记本、擦洗脚踏车等杂事。与其让孩子坐在书桌前发呆，倒不如做些与书本无关的事，能够转变孩子的情绪，而产生新的干劲。

让孩子吃糕点后读书也会使孩子再次振作起来。让孩子吃糕点为的是慰劳孩子念书的辛苦，同时还有提高念书持续力的效果。孩子知道再过 20 分钟便有糕点可吃，原本松懈的心理，就会再次振作起来，于是糕点便成为厌烦感的抑制剂。如果母亲在孩子饥饿时就给他吃糕点，那就对孩子没有吸引力了。

有一点必须注意的是，吃糕点的时间要尽量缩短，以免成为连续读书的障碍。此外，确定让孩子吃糕点的时间，要精心安排。

学会运用"中断效果"。电视连续剧在某集结束时，总挑起某个情节上的高潮，然后就此打住，这样观众便会产生欲知下文的期待感。这种技巧，也可应用在防止孩子产生厌烦感上。

比如说，当孩子陶醉于书本或玩乐时，父母可以故意说："好了！今天到此为止！"也许有人会觉得，孩子正在兴头上，为什么要去阻止呢？其实孩子对某件事感兴趣的时间，还不如大人想象中的长。很多时候他们表面上看起来认真，实际上那只是一种习惯性的状态，所花的时间和读书或游戏的效果并不成正比。

著名心理学家西格尼曾经进行实验，结果发现被中断的读书或工作内容，特别容易被记住，而且被想起的概率也较高。原因就在于进行中的工作被中断，使得工作的紧张感持续。善加利用这种"中断效果"的话，不仅可防止孩子的厌烦感，还可以在最短的时间中，产生最大的成果。

告诉孩子"读书并不苦"。一位小儿科医师曾肯定地说："小孩'疾病'大半是由母亲造成的。"比如，孩子跌了一跤，膝盖轻微擦伤，母亲便会心疼地说："好痛吧！"然后赶忙把孩子送到医院去。孩子一早起床无精打采，母亲又会关心地问："是不是发烧了？我看今天请假好了！"自己就认定了孩子不是感冒就是头痛，母亲不知不觉中为孩子制造了疾病。

如果孩子受了点小伤，母亲说："不痛吧！"让孩子觉得那只不过是轻伤而已！孩子有一点发烧，便对他说："没什么大碍吧！"然后充满信心地将孩子送去上学。因为询问方式不同，会使孩子产生病了或精力充沛这两种截然不同的反应。当孩子厌烦读书，抱怨读书辛苦时，母亲是否表现出赞同孩子的反应，将会产生两种不同的结果，一种是孩子愈来愈觉得读书痛苦，一种是觉得读书并不算什么辛苦的事。

心理学家有一个实验，拿一幅人的性别不详的画给受测者看，然后问他画中的是男是女，结果答案是男女各半。但是若以相同的画给其他受测者看，然后问："像不像男人？"结果大多数的答案会偏向"是男人"。这就是诱导询问法的可怕之处。因此，当孩子产生厌烦感时，绝对不可以赞同他，而应该告诉他："读书并不苦。"

危机意识会使孩子的学习效率提升。孩子读书或写功课的效率低下，陷入懒散状态时，除用情绪转换法使孩子重新进入读书状态以外，还可以用危机意识使孩子学习效率迅速提升。

成人也往往逃不过危机意识的煽动，而会在："现在不要明天就没有了"，"今天不去看医生明天就来不及了"等危机言词的诱导下，不自觉地采取行动。许多人在看了百货公司海报写着"请把握折扣的最后机会"后，便拼命地大采购，也是这种因素的表现。

因此，当孩子懒散时向孩子说："你现在不做，以后就会很麻烦的！"会使孩子产生危机意识，这样孩子便会抛弃厌烦感，自然地使效率提升。

让"失败感"驱逐孩子的厌烦情绪。一件已了若指掌、一成不变的工作，产生厌烦感是很自然的事情。相反的，一件工作若是常能激起您的求知欲，又具有挑战性的话，便不会那么容易地使人失去兴趣。

孩子的读书也是一样，无论是原来多喜欢的科目，也难免会感受到厌烦。因此，即使是完全相同的学习内容，也不妨大胆地改变做法看看，这样便会产生"也许会失败"的危机感。比如拿几道孩子还没有学过的问题考考孩子，孩子会立马知道天有多高，地有多厚，轻浮会马上消失。孩子便会多下一些功夫以避免失败。这样的话，即使是原本不感兴趣的科目，因为新做法、失败的危机感等因素，也会使孩子做下去，而不会感到厌烦。

平时孩子总是被告诫"不可失败"，但若是孩子失败时，你可以告诉他"失败也是一种经验，不妨换个新方法试试看"，鼓励和诱导孩子，会使孩子觉得"失败"只不过是一种"新体验"和"挑战"，这样他自然不会产生厌烦之心。

不断更换学习科目避免产生厌烦。

日本有一所幼稚园，以"教学方法"著名。据说他们的教学法不同凡响。他们的教学方法是，老师准备了许多不同的教学题，然后依学童的反应，以极快的步调，让孩子做各式各样不同种类的学习。比如说，先是大声地朗读诗词，然后又教数字，接着又背九九乘法，之后紧接着再介绍各国的国名、国旗、首都等。

使用这种方法，孩子直到中午都能集中精神，完全没有厌烦或疲累的感觉。这样长时间下来，孩子等于在一年内读了几千本书。

这种不断更换学习科目以避免产生厌烦的方法，是很值得我们参考的。不要让孩子不停地读相似的科目，在孩子感到厌烦之前，立刻更换另一科目，使孩子的情绪产生转变，这样可以使孩子继续用功下去。

用不同的场所和时间读书可以转变孩子的厌烦情绪。在孩子读书厌烦时，用"场所"或"时间"来区隔脑中思想，可以防止孩子对读书产生厌烦。

曾经有一个同学就是这样，在夏天很热的日子，他会视时间而更换读书的场所，一天之中他总是换好几个地方来念书。有时在树下，有时在屋后的背阴处放一圆桌，有时在室内的桌案旁，有时在林荫路上，每换一个地方，都会使自己有一种新的感受，使自己始终保持一份好的读书心态。他以优异的成绩考上了一所名牌大学。

不管是多么舒适的房间，如果读书时间孩子就一定得关在里面的话，孩子想要不产生厌烦感也难。相反的，如果认为孩子只有乖乖待在书房中便会努力用功的话，这种想法也太过一厢情愿了。倒不如劝孩子随心坐在一边或踱着步看书，反而会是一种防止孩子产生厌烦感的好方法。

怎样指导孩子读书

第一种方法：分析故事结构

故事结构跟房屋的结构有相似之处，它也有一些最基本的构件。在每个故事里，会有人物（故事里的人或拟人化的动物、植物、物品）、场景（故事发生的时间、地点）、问题（人物必须克服的困难）及结局（问题解决的结果）。了解故事结构有助于孩子理解整个故事内容。

您可先找一个简短的小故事或一则寓言，自己阅读一下文章，再找一张有横线的纸，按下面的形式列出以下几项。

题目：

主要人物：

场景：

矛盾（或问题）：

结局：

先让您的孩子读一小部分，找出人物。例如：玛丽是故事的人物吗？她是主要人物吗？对了，这个故事主要是关于玛丽和她的科学项目。让孩子把玛丽写在"人物"一栏。

然后，让孩子告诉您故事发生的时间、地点（今天、以前或将来，发生在一个小城镇或某个国家）。

当您的孩子读了大半个故事时，叫孩子停下来问他："在这个故事里，主要人物面临的问题是什么？"让孩子把答案写在标有"问题"的地方。

孩子在读完故事后，问问他故事中的问题是怎样解决的，把结局写在纸上。

第二种方法：一分钟冲刺

轻松、快速的阅读是非常重要的，但是，像跑步一样，轻松快速的阅读需要大量的练习。要想成为一名熟练的读者，您的孩子必须进行快速阅读的训练。但也要记住，过量的练习有害无益。您自备一块有秒针的钟表，一本您孩子能读懂的书。您可对孩子说："我们来做一个'一分钟冲刺'的游戏，我想看看你在一分钟可以读多少字。"然后，在书中找个片段，以便让孩子开始游戏。再告诉他："当我说开始，你就开始读。一分钟后，我会叫停。"孩子准备后，就喊"准备——开始"。这时，您开始掐表。一分钟后，让孩子停下来。数一下您的孩子读过的字数。甚至您还可以做个表，比较一下孩子在第一周、第二周……一个月后的阅读速度。

第三种方法：字词积累

无论是校外学习还是校内学习，识字都是非常重要的。孩子认识的字越多，他们学习的兴趣就越浓。

让您的孩子在一张报纸、一本杂志或书上找出他以前没学过，不认识的字。例如，您的孩子可能不认识"卜"这个字。有时，您的孩子有可能会发现他认识的字有其他的意思。例如，"墨"这个字是指写字绘画的用品，但是，当"墨"字用在下面句子中，它的意思就变了：他胸无点墨。在这里，"墨"比喻学问或识字读书的能力。

您还可以让孩子在跟别人谈话时，注意辨别出新的词语，或者在报纸上找出生字，记在笔记本上。把已认识的字的新意思也记到笔记本上。

第四种方法：拼接连环漫画

当您的孩子阅读事件性故事时，您一定要让他把主要事件串起来，找一本您和孩子都爱看的连环画，在看之前，把连环画剪开，然后打乱顺序，让您的孩子重新排列。排列完毕，让您的孩子讲一讲连环画说的是什么故事。

第五种方法：复述故事

孩子们喜欢读离奇的故事，也喜欢讨论这类故事。

您找一本离奇的故事书，让您的孩子自己挑一个故事来读。

要让他默读，然后让他思考一下故事中的事情使自己想到了什么，比如说，家里发生的事，学校发生的事以及社会上的事。

过些时候，再让您的孩子复述故事内容，不过，不要忘了让他添加一些原来故事中没有的事情。告诉他您会仔细地听他讲，并能找出他添加的内容。

第六种方法：总结故事主题

阅读的一个重要步骤就是总结故事的寓意和主题，您可以找一本寓言集，挑一个简短的寓言故事，读给您的孩子听。记住，在得出故事寓意前停住，让您的孩子说出故事的寓意，然后，把故事中原来的寓意读给孩子听。读完之后，再跟您的孩子讨论一下，问问他从这个故事中学到了什么。

第七种方法：自编故事

编故事很有趣，如果您愿意跟孩子一起创作，写出一个你们自己编的故事，您的孩子肯定会非常高兴。

跟您的孩子一起想一个题目，然后把选好的题目写在纸上，接下来让您的孩子写第一句，您写第二句，交替进行，直到故事写完。

故事写完了，要请您的家人或亲朋好友听听你们的故事，请他们评论一下。

第八种方法：旅游日记

如果您想让您的孩子把自己的思想行为认真记录下来，您可以让他写旅游日记。您应计划一次带孩子外出的旅行，不一定要到郊外，可以参观博物馆、动物园，去看体育比赛，也可以带孩子到他想去的地方。让您的孩子随身带着日记本，把路上的所见所闻记录下来。

告诉您的孩子您也会写旅游日记。旅行结束后，把您的日记和您孩子的日记比较一下，看看有什么不同。

第九种方法：把书读厚了，再把书读薄了

平时学习，要多读多看多听多练，尽可能地拓宽知识领域，这样知识才能掌握得扎实稳妥。这种方法不单实用于文科学习，同样适用于理科学习。其主要方法是结合学习内容阅读课外读物，查阅相关资料等。这时的读书，要把书读得越厚越好。但是，编筐编篓全在收口，当对学科进行总结时，就要学会归纳整理，抓重点，捞干的，把书读得越薄越好。现实的情况也容不得你劳神费力，面面俱到。所以，平时学习时学会把一本书读厚了，并在这厚中记下将来复习时的重点难点，临近考试复习时，才会把一本书读薄了，抓住那些关键环节关键部位。只有这样才不失为一个读书高手，才可拿到高分，拥有一份出类拔萃的学业。

此外，父母还可以从以下一些细节上帮助孩子去亲近书籍并且享受阅读的乐趣。

经常念书给孩子听。如果你能坚持经常念书给孩子听的话，孩子的吸收力将像海绵吸水一样可观。

听孩子叙述白天的活动。让孩子简要地把一天的活动叙述一遍，可以在培养亲子感情的同时训练他的记忆力和语言表达能力。

经常和孩子讨论在周围看到的人、事、物。多和孩子说话，多诱导孩子的兴趣，把我们认为是当然的事情告诉孩子，使孩子能多增加不少见识，多懂得不少道理。

给孩子一些小差事让孩子独立去做。

每天念一则新闻给孩子听或讲漫画给他听。

选择好的电视节目和他一起欣赏，一同讨论内容。

经常表扬孩子的行为及表现，建立他的自信。

和孩子玩文字游戏或说话游戏，训练他的听力。

鼓励孩子养成良好健康的习惯，每天有充足的睡眠、规律的作息和均衡营养的饮食。

经常带孩子去图书馆或参观画廊、美术馆、博物馆、看戏、看电视，以开拓孩子的视野，提高孩子的观察力和欣赏力。

最重要的是父母的态度，若父母能以身作则，引领孩子进入广大的书中世界，久而久之他们也会自己坐下来开卷有益，在书的王国里流连忘返的，这对他们的一生都会有莫大的帮助。

孩子学习成绩不稳定的原因

应该说聪聪是个聪明的孩子，他的理解能力和记忆力都很强，做事情也挺机灵的。可不知为什么，在学习上他可没少让父母操心。这不，开家长会时老师又反映他的成绩下降了。上一次考试他的成绩不错啊，怎么又下降了？从一年级到四年级，聪聪都是这样，成绩总是忽上忽下的，开过家长会，家长抓得紧一点，他的成绩马上就赶上去了，可还没等父母高兴多久，他的成绩又开始一落千丈，真让老师和父母伤透了脑筋。

孩子偶尔成绩上下是正常的，但老是忽上忽下地摆动，肯定是有原因的，只有找到真正的原因才能采取有效的补救措施。心理学家分析了大量的这类孩子，发现造成这种现象的原因主要有以下这几方面。

有些孩子自制力不是很强，一旦家长和老师放松了对他们学习的监督，他们就管不住自己，上课不认真听讲，放学后因玩耍忘记做作业等成了家常便饭。有的家长因为平时工作忙，顾不上管孩子的学习，有的甚至一个星期才能见到孩子一面。一旦他们发现孩子的成绩大幅度下降后，才紧张起来，他们有的可能狠狠地批评孩子，有的可能抽出点时间来监督孩子的学习。有的孩子为了能有更多的时间和父母在一起，他们发现只要自己学习下降，就会得到这种额外的"奖赏"，于是，就出现了成绩忽上忽下的现象。

有的孩子成绩不稳定是由于没有正确的学习态度，认为学习是家长和老师强迫给自己的任务，在家长的逼迫下不得不努力学一段时间，只要考试成绩一上去，家长稍微放松一下，他们马上就把学习的事情放到了一边。

更多的孩子是因为情绪不稳定影响了学习成绩。有的孩子生活在家庭成员关系紧张的家庭中，有的还面临家庭破裂、经济困难等问题，孩子幼小的心灵随着家庭气氛的变化而战战兢兢，当家庭成员和睦相处时，孩子感到特别愉快，情绪稳定，能把心思都放在学习上，而当家庭出现危机时，孩子整天胆战心惊，生怕自己一不小心就失去了某位亲人，这样的心情必然会带到课堂中，上课不能集中精力听讲，放学后也没有心思做作业，成绩当然就会下降。有的孩子由于没有掌握好考试技巧，可能平时成绩还可以，一旦有比较重要的考试就感到害怕、紧张，结果考试成绩不理想。

当你的孩子老是出现成绩忽上忽下的情况时，家长一定不要掉以轻心，因为孩子正处在打基础的阶段，成绩不稳定会影响到他们今后的学习。家长应和老师、孩子一起找出真正的原因，及时采取补救措施。家长要多关心孩子，不要等孩子出现成绩大幅度下降后才想到批评教育孩子。孩子的学习是一天一天地进行的，家长对孩子的关心也应是每时每刻的。不仅要关心孩子的生活、学习成绩，更要关心孩子的个性品质、情绪感受等。不管有多忙，家长每天都应抽哪怕 10 分钟的时间给孩子，主动询问一下孩子的思想活动，看看孩子想些什么，需要什么，情绪上有何变化，孩子的性格有什么特点等。这样，你就能及时发现孩子的变化，采取有效的措施。多与孩子沟通是孩子情绪稳定的重要途径，所以，家长要主动了解孩子在学习上有无困难，需不需要父母的辅导？孩子在学校遇到什么烦恼的事情，家长能不能指导孩子解决问题等，以便和老师配合，加强教育。良好的家庭氛围有利于孩子学习稳定发展，家长应努力营造一个安定和谐的家庭环境。家长还可以教给孩子一些学习的方法，如怎么准备考试以及考试技巧等。孩子在每次考试后，应给他们提出下一次争取的目标，要求他们每次考试能有所进步，孩子有了一点进步时，家长要给予鼓励，成绩下降时，家长也不要着急，一味地责骂反而会使孩子产生反感和自卑。

家长怎样帮助孩子学习

父母有责任也有能力帮助孩子，培养学习兴趣和提高学习能力。那么，家长该怎么做呢?

1. 要保证孩子遵守学校的学习纪律。

2. 要密切家庭与学校的联系，树立学校及老师的权威。

3. 要帮助孩子制订学习计划。

4. 告诉孩子做作业时先做最难的一门课。

5. 给孩子讲清解题的方法，而不是代替他做作业。

6. 不要让孩子把难题作为借口而停止写作业，可以让他活动片刻，再来"攻关"。

7. 帮助孩子学会阅读的方法，注意标题、前言和编后等，然后——理解。

8. 提高孩子分析和归纳的能力，帮助他掌握学习技能。

9. 鼓励孩子晚上整理和复习当天的笔记，过几天复习一遍，考前温习一遍。

10. 在猜谜语或做游戏时，教孩子如何动脑筋，比如，如何找出规律，如何划分类别等。

11. 遇事而教，比如上街买菜，问孩子应付多少钱，乘公共汽车应该注意什么。

12. 帮助孩子制定一个阶段性的目标，这目标富有挑战性，但并非高不可攀。鼓励孩子树立自信心。

13. 孩子有进步应予以肯定和表扬，同时告诫他不要骄傲。孩子学习退步了，家长不要骂他"笨蛋"，应善于诱导和鼓励，不要过分地注重他某些小的失误。

14. 孩子刚进门，不要马上询问学习情况，否则孩子可能会视之为一种干预。家长先讲讲白天自己的一些情况，再引导孩子讲讲他的事情。

15. 在家庭中应大力营造两代人共同学习、互相学习的好气氛。

16. 订阅一定量的报刊，拥有一定数量的藏书。

17. 重视兴趣、气质、意志等非智力因素对孩子学习的影响，重视培养孩子的学习兴趣和刻苦学习的顽强意志。

18. 因材施教，培养特长。

19. 引导孩子通过阅读、参观、实践等活动，扩大他们的知识面。

20. 满足孩子的好奇心，有问必答，并注意给予启发和诱导。

21. 对孩子充满期望，不因孩子考分一时低下而灰心泄气，也不为考分高而得意自满。

家长在督促孩子学习的同时，要让他们做一些力所能及的家务。不要担心这样会影响孩子的学习，恰恰相反，这有利于增强孩子的自信心，有利于促进孩子的身心发展及学习进步。还有，一个勤奋上进的家庭氛围对孩子的学习也是非常重要的。一个疏懒成性的家长去要求孩子勤奋学习，是缺乏说服力的，只有在一个好学上进的家庭，才能培养出积极进取的下一代。

让孩子学会考试

考试是评价学生和教师教学效果的一种方法，它不仅可以评价学生的学习程度和水平，还可以促进学生的学习活动，是"教"与"学"的重要环节。不正确地认识和对待考试，不但不能促进学生的学习活动，反而会影响孩子的学习和身心健康。《儒林外史》中的范进"中举"之后变得疯疯癫癫就是一例。所以，掌握有效的考试方法，对孩子的学习相当重要。

1.帮助孩子做好考前准备

做好考前准备，概括起来讲就是要"复习好、休息好"。所谓"复习好"，就是复习好所学的内容，这既是考好试的基础和前提，同时也是减轻精神压力、预防怯场的最好方法。所谓的"休息好"是指考生在考试前要保持身体健康，以便有旺盛的精力、清醒的头脑去争取最理想的成绩。家长应帮助孩子调理好营养，保证足够的休息时间，让孩子按时作息，这样有利于孩子在考试中正常发挥他的能力，争取理想的成绩。

2. 帮助孩子消除考试焦虑

面对每一次大大小小的考试，许多孩子都会或多或少地产生情绪紧张、失眠、头晕等现象，这就是考试焦虑，它不仅影响学生在考试中的正常发挥，严重时还会影响孩子的身体健康。预防和消除孩子考试焦虑应从以下两点入手。

①让"平常"心为你的孩子赢得轻松

父母"望子成龙""望女成凤"，一有重大的考试，就会精神紧张，对孩子的一举一动就会表现出"无比的关心"，就盼着他拿名次、考高分，以便将来进重点中学、名牌大学。孩子的学业成绩甚至成为全家人的焦点，孩子的成绩单成为全家人喜怒哀乐的晴雨表。家长对孩子的考试抱有如此高的期望是可以理解的，但这种举动不仅对孩子的考试一点帮助没有，反而适得其反，加重孩子的心理负担，影响了孩子在考试中的正常发挥。我国当代著名作家贾平凹曾提出过一个观点，叫作"平常心"。所指虽然是在以平常的心态做人和做文，但对孩子的学习和考试也同样适用。父母以平常心来对待孩子的考试，适当地调整自己的言行。比如，多抽一些时间和孩子交流孩子的交友、课余生活和兴趣爱好方面的看法，给孩子营造一种比较宽松的学习环境，而不是对于看重和关注孩子的考试成绩。

每一次重要的考试，家长都要跟平时一样对待，让孩子在宽松的环境中安心地复习，考试时轻装上阵，只有这样孩子才能发挥好自己的水平。

②让自信心战胜紧张和焦虑

要防止和消除孩子考试之前的焦虑和紧张，可以对孩子说"这次考试你已经做了充分的准备，你一定会考好的"，或者"你不必太紧张，别人可能比你还紧张呢"，等等。体育界有一种防止怯场的方法完全可以套用在孩子考试上。其方法是：回忆最成功的一次考试的景象和心境，以最佳心理状态去应考；回忆考试取得好成绩，受到老师、家长表扬时的愉快心境，使自己乐于参加当前的考试；把这次复习的主要内容在脑子里过一遍"电影"，使自己有把握，充满信心。

3. 帮助孩子掌握考试策略

整体上把握"先易后难"，处理好"稳、准、快"的关系。

"先易后难"是指先做前边分数少的、基础性的、比较容易的题。所谓"稳、准、快"中的"稳"是指审题要稳妥，不要马虎，防止审错题目；"准"是指答题要准，要抓住重点进行答题，做到简单的题不丢分、难题少丢分；"快"是指书写要快，为答题和检查赢得尽可能多的时间。

根据题型灵活答题。考试题的类型一般可以分为客观题和主观题。答客观题时考生要认真审题，领会题意，提高正确率和速度。如果题目中没有说明选错答案要扣分，就不要空题，实在不会的，也要凭直觉选上一个自己认为比较满意的答案。对于主观题，考生一定要认真、反复地阅读考题，仔细斟酌题目中的每一个关键词，以免遗漏或错误地理解题目所要求的答题内容。答题前，考生还要理清思路，抓住重点，宁多勿少，一定要在考试结束之前把自己认为比较接近的答案写在答题纸上。如果时间实在不允许，也要把要点或关键的步骤写上。

做好考后分析。考试结束后，家长一方面要帮助孩子认真地进行总结，明确今后的努力方向；另一方面还要帮助分析考好或没考好的原因，并跟孩子一起讨论改进方法，以提高孩子的应试能力和学习能力。

4. 当孩子考试失败时要找到自己的角色和位置

每逢期末考试，总会有些孩子成绩不好，甚至有些平时学习较好的孩子，考试也会出现失误。尽管许多家长都明白"失败是成功之母"的道理，但此时他们往往失去理智，火冒三丈，轻者训斥、责骂，重者殴打、体罚。殊不知，孩子在失败时最需要的是家长的抚慰和帮助，它比训斥、体罚、殴打更有利于孩子接受教训，走向成功。

读高二的大鹏，第一学期期末考试的化学成绩只有 64 分，物理竟然不及格！回到家里，他心灰意冷地对爸爸哭道："我的理化没学好，根本没有赶上去的可能，我不考理科了。"当时爸爸十分恼火，于是，狠狠地训了他一顿："装什么可怜相，早不用功，现在还有脸哭！"但做父亲的转念一想，此时孩子已没有了自信心，如果再恶语相加，岂不是伤口撒盐、雪上加霜，从而导致他灰心、失望的结局。于是，爸爸强压怒火，转而激励他说："遇到失败就灰心，算什么男子汉！自信心是成功的第一秘诀，你的自信心哪里去了？我就不信，就凭你的智力，只要下功夫，还有赶不上去的道理……"随后，爸爸又与老师取得联系，了解他的情况，帮助他分析了没考好的原因及可以赶上去的有利条件。他又很快振作起来，制订了新的学习计划。经过半个学期的努力，他的成绩便赶了上去。

没想到，高三第一学期期末考试，考完数学回来，他又摔书本大发脾气："数学考砸了，连及格也难得，还考什么学！剩下的几门我统统不考了！"看着他发怒的样子，爸爸又气又急。气的是他自己考不好还发脾气；急的是面临高考孩子的心理素质还这么差。但爸爸知道孩子此时情绪不好，不能火上浇油。于是不动声色，平静地说："也许数学题出得太难太偏，说不定别人还不如你呢。考试不过是为了检查自己的学习情况，即使这门功课考得不好又有什么关系，总结教训再努力，还不迟。"儿子很快恢复了平静，继续认真应考。结果，在数学成绩不及格的情况下，总成绩居然为全班第一名，并得到了学校颁发的最高奖学金。这一来，儿子信心大增，有了信心就有了成功的希望。后来，在他的努力下，最终以全校理科第一名的成绩考入重点大学。

"亮亮，你真是太让家长失望了。期末考试数学、语文两科的总成绩在班上排到第46名，比上学期还靠后了两名。我真不明白你的成绩怎么会这么差！你看人家明明，每次考试成绩都排到班里前 6 名。你的学习环境哪一点比人家差？你就是太懒、太不用心。你让家长感到羞愧！”亮亮妈当着王老师的面训斥亮亮。亮亮默默地流泪，房间里的空气显得格外沉闷。

王老师从亮亮妈手中接过亮亮的语文试卷，看到成绩是 67 分。她仔细检查了一下卷面，发现孩子在基础知识部分丢分不多；丢分主要在作文上，满分 20 分的作文，亮亮只得了 2 分。她看了作文题目是“仙人掌”，便问亮亮：“你怎么才写了十几个字呢？”亮亮噘起小嘴儿说：“我从来没见过仙人掌。”

后来，王老师单独跟亮亮妈交换了意见。她说：“孩子考试成绩不理想，做家长的不能用训斥、打骂的简单办法对待孩子，只有和孩子一起认真分析考试成绩差的原因，才能对症下药。就亮亮的语文成绩来看，虽然他考的总分比期中考试低了，但基础知识部分有很大的进步，应该肯定。作文部分分数低，则由于孩子没见过仙人掌，写不出来情有可原。”亮亮妈听了王老师的分析，不断地点头。